Vegetarisch Grillen: Umweltbewusst und lecker!

Michael Friesmann

Vegetarisch UND LECKER
UMWELTBEWUSST Grillen

Inhaltsverzeichnis

Einleitende Worte

Herzlichen Glückwunsch zum Kauf dieses Rezeptbuches! Sie haben die beste Wahl getroffen und einen guten Geschmack bewiesen! Damit haben Sie Ihrer Gesundheit und der gesamten Menschheit einen großen Gefallen getan! Vegetarisch grillen, das ist nicht nur ein bewusster Verzicht auf Fleisch – sei es aus ethischen, ökologischen oder gesundheitlichen Gründen. Vegetarisch grillen ist mehr als nur ein bloßer Trend oder ein neuer Gesundheitswahn, das ist eine wahre Wohltat für Ihre Gesundheit, für die Tierwelt und im Prinzip für das gesamte Klima! Lecker Gegrilltes genießen und damit gleichzeitig Gutes tun und die Umwelt schützen – das ist vegetarisches Grillen! Es ist klug und weitsichtig, gesund und so unglaublich vielfältig. Egal, ob Sie ein eingefleischter Grillprofi sind oder blutiger Anfänger, ob Sie schon seit längerem vegetarisch leben oder einfach mal Lust haben etwas Neues auszuprobieren – vegetarisches Grillen ist für jedermann geeignet. Verzichten um des Verzichtens willen war gestern, vegetarisches Grillen ist zeitgemäß, schmeckt köstlich und eröffnet Ihnen eine ganz neue Genusswelt. Ihre Geschmackszellen und Ihr Körper werden es Ihnen danken – weg von überwürzten und versalzenen Fleischprodukten, vollgestopft mit Hormonen und Medikamenten, hin zu einem neuen und unvergleichlichen Geschmackserlebnis...

Nun noch eine kleine Anmerkung zum Aufbau dieses Buches: Bestimmt haben Sie es schon bemerkt. Dieses Rezeptbuch ist ein wenig anders gestaltet als Sie es von anderen Rezeptbüchern wohl kennen werden. In diesem Buch wurde bewusst auf Bilder jeder Art verzichtet. Das mag Ihnen im ersten Moment komisch erscheinen, Sie werden sich vielleicht wundern und fragen: Warum? Nun ja, das Ganze hat einen guten und bewussten Grund: Ohne Bilder wird Ihre Kreativität und Vorstellungskraft angeregt und Sie bekommen dafür gleichzeitig eine hohe Qualität an ausgewählten und exklusiven Rezepten zu einem vergleichsweise viel geringeren Preis aufgrund der wesentlich niedrigeren Druckkosten. Zudem sind alle Rezepte so gestaltet und bildhaft beschrieben, dass es Ihnen in jedem Fall leichtfallen wird, die Rezepte ordentlich zuzubereiten und schmackhaft herzurichten.

Nur Mut, lassen Sie Ihrer Kreativität freien Lauf und entdecken Sie die neue Lust am vegetarischen Grillen! Sie werden staunen, wie vielfältig und abwechslungsreich vegetarisches Grillen ist...

Was muss ich beim Grillen beachten und welches Equipment brauche ich?

Das A und O beim Grillen ist natürlich die Vorbereitung. Keine Sorge, es ist noch kein Grillmeister vom Himmel gefallen... Wenn Sie sich an ein paar einfache Dinge halten, steht einem uneingeschränkten Grillvergnügen nichts mehr im Wege. Damit das Grillen einfach und ungefährlich von der Hand geht, brauchen Sie in jedem Fall gutes Grillbesteck wie z.B. eine Grillzange, einen Wender, eine Gabel, einen guten Greifer, einen Grillanzünder, sowie einige Grillgefäße zum Aufbewahren des Grillgutes. Empfehlenswert sind weiterhin eine Drahtbürste zur Reinigung des Grillrostes, ein Pinsel oder sogar ein Mixer. Ein Antihaftspray für den Grillrost, ein Pizzaschneider oder spezielle Halterungen für dünn geschnittene Fleischersatzfilets oder Gemüsestreifen erleichtern das Grillen zusätzlich. Spieße - aus Holz oder anderen Materialien - dürfen natürlich auch nicht fehlen. Um den perfekten Garpunkt für Ihr Grillgut zu erwischen, helfen ein Temperaturmesser und eine Stoppuhr. Zunächst sollten Sie, bevor Sie Ihren Grill anheizen, den Grillrost leicht einölen, damit sich das fertige Grillgut schnell und leicht lösen lässt. Ob Sie mit einem Kohle-, Gas- oder Elektrogrill grillen wollen, das bleibt Ihrem Geschmack überlassen. Briketts brauchen übrigens etwas länger bis sie anfangen zu brennen, dafür brennen sie aber auch viel länger am Stück. Spiritus sollten Sie niemals als Grillanzünder nutzen, da die Gefahr einer gefährlichen Stichflamme immens groß ist. Gönnen Sie sich, Ihrem Geschmackssinn und Ihrer Gesundheit lieber einen handelsüblichen Grillanzünder. Achten Sie darauf niemals den Grill mit Alkohol abzulöschen, die Gefahr einer Stichflamme ist viel zu groß! Außerdem wird Grillgut dadurch ungenießbar, weil Asche aufgewirbelt wird. Um die Nährstoffe in den Lebensmitteln möglichst zu schonen, ist es ratsam das Grillgut in eingefetteter Alufolie auf den Grillrost zu legen. Holzspieße neigen dazu schnell anzubrennen. Vorher in Wasser eingelegt, ist dieses Problem Geschichte. Bevor Sie nun anfangen zu grillen, muss der Grill vorgeheizt und das Grillmaterial angezündet werden. Das kann – je nach Grillart und -größe – durchaus bis zu einer halben Stunden dauern. Doch echte Grillfreunde wissen: Warten lohnt sich und die Vorfreude ist ja bekanntermaßen die schönste...

Wie steuert man die Hitze?

Es gibt grundsätzlich zwei Arten zu grillen: mit direkter oder indirekter Hitze. Beim direkten Grillen liegt das Grillgut direkt über der Hitzequelle. Diese Grillweise ist ideal für Gemüsesorten, die relativ fest sind sowie für die meisten Fleischersatzprodukte. Dadurch bekommt das Grillgut eine leckere und knackige Kruste. Allerdings sollten Sie nach kurzer Zeit auf indirektes Grillen übergehen, damit das Grillgut innen schön saftig und zart bleibt. Indirektes Grillen bedeutet, dass die Lebensmittel neben der Hitzequelle liegen und durch die heiße Luft schonend gegart werden. Dabei bleiben die Nährstoffe besser erhalten. Zudem kann fertig gegartes Grillgut – egal ob Gemüse oder Fleischersatzprodukte – wunderbar in der indirekten Hitze warmgehalten werden. Ob Sie direkt oder indirekt vegetarisch grillen wollen, ist letztlich egal, denn die richtige Wahl haben Sie, mit der Entscheidung vegetarisch zu grillen, ohnehin schon getroffen...

Wann sind Lebensmittel auf dem Grill fertig?

Als Faustregel hierfür gilt: Außen leicht knackig und innen zart, dann ist das Grillgut fertig. Das können Sie durch leichten Druck mit der Grillzange herausfinden. Ist der Widerstand noch stark, dann ist es noch nicht fertig und muss noch weiter gegart werden. Aber wer sicher gehen will, der kann einfach ein Grillthermometer verwenden und so die optimale Temperatur ermitteln. Da Fleischersatzprodukte wie Seitan oder Tofu nicht roh sind, sind sie auf dem Grill ohnehin relativ schnell fertig. Zudem ist es – ebenso bei Gemüse – leicht an der Färbung zu erkennen, ob das Grillgut fertig ist oder nicht. Letztlich ist es auch von Ihrem persönlichen Geschmack, abhängig – mancher mag es lieber knackig mit Biss, der andere weich und zart. Je nach Gemüsesorte und Fleischersatzprodukt ist die Garzeit unterschiedlich lang. Vegetarisch grillen bietet Ihnen eine fast unendliche Fülle an Gemüse- und Obstsorten, die alle gerne von Ihnen auf dem Grill verkostet werden möchten! Damit Sie auf dem Grillrost nicht den Überblick verlieren, ist es hilfreich, alle Lebensmittel in Reih und Glied aufzulegen. In diesem Sinne: Guten Appetit!

Lebensmittel einlegen und marinieren – Wie geht das und worauf muss ich achten?

Marinieren hat eine lange Tradition und wird schon seit langer Zeit von den Menschen für Lebensmittel aller Art eingesetzt. Ziel ist es hierbei, Lebensmittel haltbar zu machen oder ihnen einen bestimmten intensiven Geschmack zu verleihen. Auch die Konsistenz von Lebensmitteln wird – abhängig von der Einlegezeit – dabei verändert. Grundsätzlich kann jedes Lebensmittel mariniert, also eingelegt werden. Vor allem beim vegetarischen Grillen – der bewussten und gesunden Art zu grillen – ist es besonders sinnvoll, möglichst viele Lebensmittel vor dem Grillen zu marinieren, um Ihnen einen aromatischen und würzigen Geschmack zu verleihen sowie sie saftig und zart werden zu lassen. Besonders Fleischersatzprodukte wie Seitan oder Tofu sind von Natur aus geschmacksneutral und brauchen eine gute Marinade, um einen herzhaften und würzigen Geschmack zu bekommen. Dabei ist Ihrer Kreativität keine Grenze gesetzt. Eine gute Marinade schmeichelt nicht nur dem Gaumen, sondern verhindert zusätzlich ein Austrocknen der Lebensmittel. Wie lange Sie die Lebensmittel einlegen möchten, ist von Ihrem persönlichen Geschmack und dem gewünschten Ergebnis abhängig. Grundsätzlich gilt: je länger die Marinade einwirken kann, desto besser wird der Geschmack und desto zarter die Konsistenz. Mindestens eine Stunde braucht jede Marinade Zeit, um einigermaßen einwirken zu können. Ideal wäre es, wenn die Marinade aber mindestens einen Tag oder sogar mehrere Tage Einwirkzeit bekommt.

Eine gute Marinade besteht aus drei Bestandteilen: Öl, Säure und Gewürze. Das Öl verhindert ein Austrocknen, die Säure sichert eine zarte Konsistenz und die Gewürze sorgen für einen unvergleichlich würzigen Geschmack. Sie können Pflanzenöle aller Art verwenden – von geschmacksneutralen Rapsöl bis hin zu aromatischen Nuss- oder Kräuterölen. Welches Öl Sie verwenden wollen, hängt von Ihrem Geschmack ab und der Frage, ob das eingelegte Lebensmittel den Geschmack des Öls annehmen soll oder nicht. Grundsätzlich passt jedes Öl zu jedem Lebensmittel – sofern Ihnen das Ergebnis schmeckt. Passende Gewürze sind beispielsweise Pfeffer, Senf, Knoblauch oder Kräuter wie Basilikum Oregano, Dill, Rosmarin, Lorbeer oder Thymian. Salz sollte sparsam eingesetzt werden, da es den Lebensmitteln viel Wasser entzieht. Honig oder Zucker sind ideal, um leckere Zuckermarinaden herzustellen. Das harmoniert wunderbar mit Tofu oder süßlichen Gemüsesorten wie Mais, Kürbis, Karotten oder Paprika sowie Obstsorten aller Art.

Bevor es ans Marinieren geht, ist es wichtig, die Lebensmittel ordentlich abzuwaschen und abzutrocknen. Tofu kann dazu sogar leicht mit einem trockenen Tuch ausgedrückt werden.

Rohes Gemüse ist zum Marinieren nicht gut geeignet und sollte vorher unbedingt gekocht werden. Der Vorgang des Marinierens ist einfach: die Zutaten werden in die zusammengemischte Öl-Gewürz-Marinade eingelegt und damit bedeckt. Am besten in einem säurebeständigen Gefäß. Damit die Marinade auch gelingt, ist es ratsam sich an die genauen Rezeptangaben zu halten. Mit der Zeit werden Sie sicher auch Ihre eigenen schmackhaften Marinade-Rezepte entwickeln! Bis dahin guten Appetit und viel Spaß beim Ausprobieren der vielfältigen Rezepte in diesem Buch!

Marinaden, Soßen, Salsas, Dips & Rubs

Limetten-, Chili-, Feta-Butter

8 Portionen – 10 Minuten Zubereitungszeit

Für 8 Portionen:

150g Butter

100g Feta

Schale von zwei Limetten – fein gerieben

1 Chili – fein gehackt

1 Hand voll Korianderblätter – fein gehackt

1 Prise Salz

1. Die Butter zerdrücken, bis sie weich ist.
2. Den Feta zerbröseln und zusammen mit der Limettenschale, der Chili und den gehackten Korianderblättern der Butter hinzufügen.
3. Etwas Salz dazugeben und gut vermischen.
4. Bis zum Verzehr kalt stellen.

Frische Mango-Frucht-Salsa

1 Portion – 10 Minuten Zubereitungszeit

1 Alle Zutaten in einer Schale vermischen.

2 Fügen sie mehr Jalapeños, Salz oder Zitronensaft nach Belieben hinzu.

3 Am besten ein paar Stunden oder über Nacht luftdicht verschlossen im Kühlschrank stehen lassen, sodass sich die Aromen vermischen und verstärken.

Für 1 Portion:

½ Mango – fein gewürfelt

2-3 Kiwis – fein gewürfelt

1 rote Zwiebel – fein gewürfelt

1 kleine Hand voll Korianderblätter – fein gehackt

1 kleiner grüner Jalapeño – fein gewürfelt

½ TL frischer Zitronensaft

1 Prise Salz

Einfache klassische Salsa

2 Portionen – 5 Minuten Zubereitungszeit

Für 2 Portionen:

1 kleine Zwiebel

1 Knoblauchzehe

1 Chili

400g Tomaten – gehackt

Frisches Basilikum (etwa 10g)

Frische Petersilie (etwa 10g)

Salz und Pfeffer

1. Die Zwiebel und den Knoblauch so fein würfeln, wie möglich.
2. Den Chili entkernen, wenn es nicht zu scharf werden soll. (Am besten der Länge nach durchschneiden und mit einem Teelöffel die Samen herausschaben.)
3. Alle Zutaten in eine Schale geben und gründlich vermischen. Je nach Belieben Salz und Pfeffer für die entsprechende Würze hinzugeben und weiter verrühren.

Walnuss-Dip mit geräucherter Aubergine

4-6 Portionen – 45 Minuten Zubereitungszeit (+ 1 Nacht Vorbereitungszeit)

1 Joghurt über einer Schüssel in ein mit Musselin (Küchentuch) ausgekleidetes Sieb löffeln, abdecken und zum Abtropfen über Nacht in den Kühlschrank stellen.

2 Walnüsse 10 Minuten in kaltem Wasser aufweichen.

3 Auberginen auf den Grill legen, bis sie weich sind und schöne Grillspuren aufweisen. Danach der Länge nach halbieren und mit der Innenseite in ein Sieb legen und über der Spüle abtropfen lassen.

4 Auberginenhälften aushöhlen und das Fruchtfleisch mit dem abgetropften Joghurt, Kreuzkümmel, Tahin, Knoblauch und Walnüssen in einem Mixer cremig pürieren und abschmecken,

5 Den leckeren Dip auf einem Teller servieren, mit eingelegten Rüben, Sesam, Sumach belegen und mit Olivenöl beträufeln.

Für 4-6 Portionen:

250g griechischer Joghurt

2 große Auberginen

100g Walnüsse

2 TL Tahin

1 Knoblauchzehe – fein gehackt

1 TL Kreuzkümmel – fein gemahlen

Saft einer halben Zitrone

Natives Olivenöl extra

Eingelegte Rüben, Sesam, Sumach, Minze, Koriander

Drei Hummus-Varianten

10-12 Portionen – 10 Minuten Zubereitungszeit

Für 10-12 Portionen:

1200g Kichererbsen aus der Dose

180g Tahin

Saft von etwa 5 Zitronen

6 Knoblauchzehen

180ml natives Olivenöl extra

670g Babyspinat

2 ganze eingelegte Artischockenherzen

2 EL Pinienkerne

45g eingelegte süße Kirschpaprika – gehackt

Salz und Pfeffer

Wasser

1. Die Kichererbsen abtropfen lassen und die Flüssigkeit aufbewahren. Die Kichererbsen abspülen und wieder abtropfen lassen. Einige Kichererbsen zum späteren Garnieren beiseitelegen.

2. Tahin, Zitronensaft, Knoblauch und 1 EL Salz in einem Mixer vermischen, bis sich eine cremige Masse bildet. Schrittweise die Kichererbsen hinzugeben und weitermixen. Dann langsam das Öl hinzufügen. Wenn es nicht cremig wird, geben Sie etwas Flüssigkeit von den Kichererbsen hinzu. Anschließend mit Salz abschmecken.

3. Den Hummus auf drei Schalen aufteilen. Eine davon kann schon mit Kichererbsen garniert und beiseitegestellt werden.

4. **Spinat- und Artischockenhummus:** 350ml Wasser in einer kleinen Pfanne zum Kochen bringen. Den Spinat hinzufügen und ca. 30 Sekunden kochen lassen. Abkühlen und trocken pressen. Den Spinat fein hacken und mit den Artischockenherzen im Mixer vermengen. Etwa 1 EL der Mischung für dir Garnierung reservieren und den Rest in eine Schüssel Hummus einrühren. Mit der reservierten Mischung und einem Spritzer Olivenöl garnieren.

5. **Süß-würziger Hummus:** Die Pinienkerne in einer Pfanne bei niedriger Hitze rösten. In die letzte Schüssel Pfeffer einrühren und eine Mulde bilden. Diese mit Pinienkernen, Paprika, Pfeffer und einem Spritzer Olivenöl füllen.

Griechischer Dip mit 7 Schichten

10 Portionen – 30 Minuten Zubereitungszeit

1 Die Gurke auf einer Kastenreibe zerkleinern, mit einer großen Prise Salz bestreuen und 10 Minuten lang in einem Sieb abtropfen lassen. Die restliche Flüssigkeit auspressen. Die abgetropfte Gurke mit Joghurt, Olivenöl, Knoblauch und Minze in einer mittelgroßen Schüssel mischen.

2 Petersilie, Oliven, Zitronenschale und Frühlingszwiebeln in eine kleine Schüssel geben. Legen Sie die Artischocken in ein Passiertuch oder in ein Sieb und drücken Sie sie trocken. Mit den Paprikaschoten wiederholen.

3 Schichten Sie den Dip in einer mittelgroßen Glasschale Ihrer Wahl. Verteilen Sie die Artischocken auf dem Boden, dann folgen in gleichmäßigen Schichten die Gurken-Joghurt-Mischung, die Paprikaschoten, die Tortilla-Chips, der Hummus, der Feta und die Oliven-Kräuter-Mischung.

4 Mindestens 1 Stunde oder über Nacht kühl stellen. (Bei nächtlicher Kühlung erst kurz vor dem Servieren mit der Oliven-Kräuter-Mischung bedecken.)

Für 10 Portionen:

1 mittelgroße Gurke – geschält und entkernt

500g griechischer Joghurt

1 große Knoblauchzehe – fein gerieben

½ TL getrocknete Minze

50g frische Petersilie – gehackt

90g Kalamata-Oliven – gehackt und entkernt

1 TL Zitronenschale – gerieben

4 Frühlingszwiebeln – gehackt

500g Artischockenherzen – abgetropft und grob gehackt

350g rote Paprikaschoten aus dem Glas – geschnitten und geröstet

50g Tortilla-Chips

500g Hummus

150g Feta – zerbröselt

2 EL natives Olivenöl extra

Salz

Sommer-Salsa mit Schuss

2 Portionen – 5 Minuten Zubereitungszeit

Für 2 Portionen:

1 Knoblauchzehe

2 TL Salz

4 mittelreife Tomaten – entkernt und gewürfelt

¼ mittelgroße rote Zwiebel – fein gewürfelt

1 Jalapeño – gehackt (mit Samen, wenn mehr Schärfe gewünscht ist)

3 EL frischer Koriander – gehackt

1-2 EL heller (weißer) Tequila - optional

1 Die Knoblauchzehe mit einem Teelöffel Salz bestreuen und mit der flachen Seite eines großen Messers zerdrücken. Die Mischung zu einer groben Paste verarbeiten.

2 Knoblauch, Tomaten, Zwiebel, Jalapeño und Koriander in einer Servierschüssel mischen.

3 Geben Sie den Tequila hinzu, falls gewünscht. Würzen Sie bei Bedarf mit mehr Salz nach.

4 Sofort servieren oder mit Frischhaltefolie abdecken und eine Stunde bei Raumtemperatur beiseitestellen.

Klassische BBQ Soße

1 Portion – 40 Minuten Zubereitungszeit

1 Alle Zutaten in einem Topf gut vermischen und bei mittlerer Hitze verrühren, bis vereinzelt Bläschen aufsteigen.

2 Die Hitze auf das Minimum reduzieren und 30 Minuten ruhen lassen, bis die Soße andickt.

Für 1 Portion:

460ml Ketchup

290ml Apfelessig

170ml Ahornsirup

Schale und Saft einer halben Orange

3 Knoblauchzehen – gehackt

1 TL schwarzer Pfeffer – gemahlen

Mango Curry BBQ Soße

4-5 Portionen – 25 Minuten Zubereitungszeit

Für 4-5 Portionen:

½ Habanero Paprika

1 Mango – grob gehackt

80g Datteln

60ml Apfelessig

2 Knoblauchzehen – grob gehackt

Frischer Ingwer (etwas ½ EL) – gehackt

240ml Tomatensoße

2 TL gelbes Curry-Pulver

1 TL Salz

½ TL Pfeffer

1. Den Grill anheizen.
2. Die Paprika mit der Innenseite auf den Grill legen, bis braun und geröstet aussieht.
3. Die Paprika zerhacken (sollte etwa 1 Teelöffel sein) und in eine große Pfanne geben.
4. Die restlichen Zutaten dazugeben und bei kontinuierlichem Rühren vermengen. Die Mischung bei mittlerer/hoher Hitze zum Kochen bringen.
5. Nach dem Aufkochen auf mittlere Hitze reduzieren und so lange köcheln lassen, bis die Soße andickt (etwa 10 Minuten). Häufig umrühren, damit die Soße nicht am Pfannenboden anbrennt.
6. Wenn die Soße dickflüssig ist, können Sie sie mit einem Mixer nochmal schöne cremig schlagen.

Einfache asiatische Marinade

1 Portion – 5 Minuten Zubereitungszeit

1 Alle Zutaten kombinieren.

2 Für Schärfe einen Teelöffel Sriracha dazugeben. Für süßere Aromen eine Teelöffel Agavendicksaft hinzufügen.

Für 1 Portion:

75ml Tamari (Sojasoße)

75ml brauner Reisessig

1 EL frischer Ingwer – gerieben

3-4 Knoblauchzehen – gehackt

½ TL chinesisches „Fünf-Gewürze-Pulver“

Sriracha oder Agavendicksaft nach Bedarf

Einfache mediterrane Marinade

1 Portion – 5 Minuten Zubereitungszeit

Für 1 Portion:

75ml natives Olivenöl extra

75ml frischer Zitronensaft

3 Knoblauchzehen – gehackt

1 TL Oregano – getrocknet

½ TL schwarzer Pfeffer

Salz

1 Alle Zutaten kombinieren.

2 Mit Salz und Pfeffer abschmecken.

Einfache italienische Marinade

1 Portion – 5 Minuten Zubereitungszeit

1 Alle Zutaten kombinieren und in einem Mixer zerkleinern.

2 Bei Bedarf mit Salz abschmecken.

Für 1 Portion:

75ml natives Olivenöl extra

75ml Balsamico-Essig

3-4 Knoblauchzehen – gehackt

12 frische Basilikumblätter

½ TL schwarzer Pfeffer

Pikante Balsamico-Marinade

1 Portion – 5 Minuten Zubereitungszeit

Für 1 Portion:

60ml natriumarme Gemüsebrühe

2 EL Balsamico-Essig

2 EL Tamari (Sojasoße)

1 EL pflanzliches Öl

2 Knoblauchzehen – gehackt

1 TL Basilikum – getrocknet

1 TL Oregano – getrocknet

1 TL Thymian – getrocknet

1 TL Paprikapulver

½ TL schwarzer Pfeffer – gemahlen

¼ TL rote Paprikaflocken

Salz

1 Alle Zutaten in einer Schüssel gut vermischen.

2 Bei Bedarf nachwürzen.

Süß-scharfe Sommer Marinade

1 Portion – 5 Minuten Zubereitungszeit

1 Alle Zutaten gut vermischen.

2 Bei Bedarf nachwürzen.

Für 1 Portion:

115ml frischer Orangensaft

60ml Agavendicksaft

1 EL Tamari (Sojasoße)

1 EL brauner Reisessig

3 Frühlingszwiebeln – geschnitten

1 EL frischer Ingwer – gerieben

3 Knoblauchzehen – gehackt

Cremige Joghurt Marinade

1 Portion – 5 Minuten Zubereitungszeit

Für 1 Portion:

240g Naturjoghurt

Saft und geriebene Schale einer Limette

2 TL Worcestershire Soße

1 TL Apfelessig

1 TL Sojasoße

2 TL brauner Zucker

1 TL Piment – gemahlen

1 TL Thymian – getrocknet

1 TL Chilipulver

½ TL Zwiebelpulver

½ TL Knoblauchpulver

½ TL Salz

¼ TL Ingwer – gerieben

¼ TL Cayenne Pfeffer – gemahlen

Eine Teelöffelspitze Zimt

Eine Teelöffelspitze Muskatnuss

1 Alle Zutaten in einer Schüssel gut vermischen.

2 Bei Bedarf nachwürzen.

Indische Tandoori Marinade

1 Portion – 5 Minuten Zubereitungszeit

1 Alle Zutaten in einem Mixer zu einer dicken Paste verarbeiten.

2 Bei Bedarf nachwürzen.

3 Das zu marinierende Lebensmittel (z.B. Tofu) von allen Seiten mit der Paste bedecken und mindestens 15 Minuten lang liegen lassen, sodass sich die Aromen gut verteilen und einziehen.

Für 1 Portion:

2 EL Naturjoghurt

1 EL Traubenkernöl

½ rote Zwiebel

3 Knoblauchzehen

4 TL Tomatenmark

1 TL frischer Ingwer – gerieben

2 TL Koriander – gemahlen

2 TL Kreuzkümmel – gemahlen

2 TL geräucherte Paprika – Pulver, Gewürz

1 TL Kurkuma

½ TL Kardamom

½ TL Salz

1 Prise Cayenne Pfeffer

Klassisches BBQ Rub

3 Portionen – 5 Minuten Zubereitungszeit

Für 3 Portionen:

50g brauner Zucker

30 Paprikapulver – edelsüß

3 EL schwarzer Pfeffer – gemahlen

3 EL Salz

2 TL Knoblauchpulver

1 TL Zwiebelpulver

1 TL Selleriesamen – gemahlen

½ TL Cayenne Pfeffer – gemahlen

1. Alle Zutaten gut vermischen.
2. Im Kühlschrank aufbewahren.

Allzweck-Rub

3 Portionen – 5 Minuten Zubereitungszeit

1 Alle Zutaten gut vermischen.

Für 3 Portionen:

2 EL Senf(-samen) – gemahlen

2 EL Knoblauchpulver

1 EL schwarzer Pfeffer – gemahlen

2 TL geräucherte Paprika – Gewürz, Pulver

2 TL Salz

2 TL Thymian – getrocknet

1 TL Cayenne Pfeffer – gemahlen

Süß-scharfes Rub

3 Portionen – 5 Minuten Zubereitungszeit

Für 3 Portionen:

30g Chilipulver

2 EL Paprikapulver – edelsüß

1 EL Oregano – getrocknet

1 EL Kreuzkümmel – gemahlen

1 EL Koriander – getrocknet

1 EL Senf(-samen) – gemahlen

2 EL brauner Zucker

2 TL Salz

1 TL schwarzer Pfeffer – gemahlen

1 Alle Zutaten gut vermischen.

2 Nach dem Vermischen 15 Minuten lang ruhen lassen.

Indisches Curry Rub

3 Portionen – 5 Minuten Zubereitungszeit

1 Alle Zutaten gut vermischen.

2 Nach dem Vermischen 15 Minuten ruhen lassen.

Für 3 Portionen:

3 EL Currypulver

1 EL Salz

2 TL roter Pfeffer – grob gemahlen

2 TL Kreuzkümmel – gemahlen

2 TL Koriander – getrocknet und gemahlen

1 TL Minze getrocknet

1 TL Kurkuma

1 TL Ingwerpulver

Appetizer, Vorspeisen & kleine Snacks

Marinierte Zucchini Lollies

4-6 Portionen – 30 Minuten Zubereitungszeit (+ Marinierzeit)

1 Beide Enden der Zucchini abtrennen. Dann die Zucchini der Länge nach in drei gleichgroße Stücke teilen.

2 **Für die Marinade:** Vermischen Sie Saft und geriebene Schale der Zitronen, Oregano, Chili-Flocken, Honig, Öl und Pfeffer. Dann eine Hälft der Marinade über die Zucchini gießen und vorsichtig schwenken, sodass alles bedeckt wird. Dann mindestens 3 Stunden im Kühlschrank lagern, besser über Nacht. Die andere Hälfte der Marinade ebenfalls abdecken und kalt stellen.

3 Wenn Sie Holzspieße verwenden, weichen Sie diese 30 Minuten lang in kaltem Wasser auf. Spießen Sie die Zucchinistücke auf und grillen Sie sie bei indirekter Hitze von allen Seiten, bis Grillspuren (braune Streifen) erscheinen und die Zucchini zart sind. Alternativ können sie auch eine Grill- oder Bratpfanne verwenden.

4 Mit der restlichen Marinade als Soße zum Dippen servieren.

Für 4-6 Portionen:

8 Mini-Zucchini

Schale und Saft von zwei Zitronen

2 EL Oregano – getrocknet

1 EL Chili-Flocken – getrocknet

2 EL klarer Honig

4 EL Olivenöl

1 TL schwarzer Pfeffer – gemahlen

Holz- oder Metallspieße (Cocktailspieße haben eine gute Größe)

Bruschetta

12 Portionen – 30 Minuten Zubereitungszeit (+ optionale Wartezeit)

Für 12 Portionen:

4 EL Olivenöl

5 Knoblauchzehen – fein gehackt

Ca. 20 rote Traubentomaten – der Länge nach halbiert

Ca. 20 gelbe Traubentomaten – der Länge nach halbiert

1 EL Balsamico-Essig

16 frische Basilikumblätter

1 ganzes Baguette

100g Butter

Salz und Pfeffer nach Geschmack

1 Erhitzen Sie das Öl in einer kleinen Pfanne auf mittlerer Hitze. Knoblauch hinzugeben und unter ständigem Umrühren etwa eine Minute lang anbraten. Den Knoblauch aus der Pfanne in eine Schüssel geben, bevor er zu braun wird.

2 Die Tomaten, Balsamico-Essig und Basilikum in die Schüssel geben. Mit Salz und Pfeffer würzen und gut vermischen. Dann abschmecken und je nach Bedarf mehr Basilikum, Salz und/oder Pfeffer hinzufügen. Die Schüssel abdecken und ein bis zwei Stunden in den Kühlschrank stellen, sofern die vorhanden ist.

3 Das Baguette leicht diagonal in Scheiben schneiden. 50g Butter in einer Pfanne schmelzen lassen. Entweder die Baguettescheiben dazu geben und von allen Seiten goldbraun werden lassen oder die Butter allseitig auf die Baguette-scheiben verteilen, um diese dann auf den Grill zu legen, bis sie goldbraun sind und schöne Streifen aufweisen.

4 Zum Servieren die Tomatenmischung ein letztes Mal umrühren und großzügig auf den Baguette-scheiben verteilen.

Gegrillter Tofu mit Asiago-Walnuss-Pesto

1 Portion – 15 Minuten Zubereitungszeit

1 **Für das Pesto:** Käse, Petersilie, Walnüsse, Salbei, Knoblauch, Traubenkernöl, ¼ Teelöffel Salz und ¼ TL schwarzen Pfeffers in einem Mixer zerkleinern und vermischen, bis cremig Masse entsteht. Je nach Belieben können Sie Ihr Pesto etwas gröber lassen oder fein cremig mixen.

2 **Für den Tofu:** Grill anheizen. Währenddessen, den Tofu diagonal in zwei große Dreiecke teilen. Schneiden Sie jedes große Dreieck so in Scheiben, das kleinere flache Dreiecke entstehen. Bestreichen Sie die Tofu-Ecken mit dem Olivenöl und würzen Sie sie mit etwas Salz und Pfeffer nach eigenem Geschmack. Legen Sie die Dreiecke dann etwa zwei Minuten pro Seite auf den Grill, bis überall schöne braune Grillstreifen entstehen.

3 Ist der Tofu fertig, nehmen Sie ihn vorsichtig vom Grill und legen ihn auf einen Servierteller. Jetzt nur noch das Pesto mit einem kleinen Löffel auftragen und fertig!

Für 1 Portion:

115g Asiago Käse – gerieben

115g frische Petersilie – gehackt

55g Walnüsse – gehackt

5 Blätter frischer Salbei – gehackt

1 Knoblauchzehe – grob gehackt

5 EL Traubenkernöl

¼ TL Salz

¼ TL schwarzer Pfeffer – gemahlen

400g fester Tofu – abgetropft und mit Papiertüchern trocken getupft

3 EL natives Olivenöl extra

(nochmal etwas Salz und Pfeffer für den Tofu)

Gegrilltes Knoblauchbaguette

8 Portionen – 10 Minuten Zubereitungszeit

Für 8 Portionen:

5 EL natives Olivenöl extra

1 Knoblauchzehe – gestampft

1 TL Basilikum – getrocknet

½ TL Oregano – getrocknet

1 ganzes Baguette – diagonal in Scheiben geschnitten

60g Mozzarella – gerieben

40g Parmesan - gerieben

1 Den Grill anheizen und währenddessen Olivenöl, Knoblauch, Basilikum und Oregano in einer kleinen Schale vermischen.

2 Beide Seiten der Baguettescheiben mit der Knoblauch-Öl-Mischung bestreichen. Auf eine der Seiten eine Mischung aus beiden Käsesorten streuen.

3 Jetzt die Brotscheiben mit der Käseseite nach oben auf den Grill legen und so bedecken, dass sich die heiße Luft darüber sammeln kann, damit der Käse schmilzt. Ist er geschmolzen und das Baguette von unten schön gegrillt (nach ca. 1-2 Minuten), herunternehmen und warm servieren.

Tofu-Spieße mit Mandel-Pesto

6 Portionen – 15 Minuten Zubereitungszeit (+ Marinierzeit)

1 Die Holzspieße 30 Minuten lang in kaltem Wasser aufweichen.

2 Die Tofu-Stücke der Länge nach aufspießen.

3 In einer flachen Schale Knoblauch (nur 2 von 3 Zehen), Sojasoße und Reisessig vermischen. Dann, die Tofu-Spieße darin schwenken und von allen Seiten bedecken. Danach für 1 bis 6 Stunden in den Kühlschrank stellen.

4 Grill anheizen. Währenddessen das Eiweiß schaumig schlagen, überschüssige Marinade vom Tofu abtropfen lassen und mit Eiweiß bedecken. Jetzt mit Sesamkörnern bestreuen und auf den Grill legen. Die Spieße schön von allen Seiten grillen, bis sie richtig appetitlich aussehen.

5 **Für das Mandel-Pesto:** Die gehackten Mandeln in einer Pfanne leicht anrösten und dann abkühlen lassen. Dann die Mandeln mit dem Basilikum, der Petersilie, dem Salz, dem restlichen Knoblauch (1 Zehe), dem Ingwer, der Orangenschale und dem Saft in einem Mixer zerkleinern und vermischen. Währenddessen gleichmäßig Olivenöl beiführen.

Für 6 Portionen:

1 Packung fester Tofu – geschnitten und 12 längliche Stücke

Holzspieße

3 Knoblauchzehen – gehackt

3 EL Sojasoße

3 EL Reisessig

Eiweiß von einem Ei

50g Sesamkörner

130g Mandeln

20g frisches Basilikum

15g frische Petersilie

1 TL frischer Ingwer – fein gehackt

¼ TL Salz

Schale und Saft einer Orange

75ml Olivenöl

Cremiger Cashew-Käse

10 Portionen – 15 Minuten Zubereitungszeit (+ 12 Stunden Wartezeit)

Für 10 Portionen:

50g Cashewkerne

20ml Wasser

2/3 EL (veganer) Frischkäse

2/3 EL Kokosnussöl

2/3 EL Zitronensaft

1/3 EL weißes Miso

1/3 EL Dijon Senf

1 EL Hefeflocken

1/3 TL Sojasoße

Salz, Pfeffer und Knoblauchpulver zum Abschmecken

1 Die Cashewkerne 1-24 Stunden in frischem Wasser einweichen. Am besten über Nacht. Die eingeweichten Nüsse danach abgießen und kurz unter frischem Wasser abspülen.

2 Alle Zutaten in einen Mixer geben, angefangen mit den 20ml Wasser. Dann cremig mixen. Jetzt nach eigenem Belieben mit Salz, Pfeffer und Knoblauchpulver würzen.

3 Ein sauberes Geschirrtuch über einer Schüssel ausbreiten und die ganze Masse aus dem Mixer auf das Tuch schaben. Die Ecken des Küchentuchs über der Mischung schließen und über Nacht in der Schüssel stehen lasse, damit der Cashew-Käse fest wird.

4 Das Tuch entfernen und den Käse mit Crackern oder frischem Gemüse servieren. Obst, wie z.B. Weintrauben passen auch hervorragend.

Vegane Auberginenröllchen

6 Portionen – 30 Minuten Zubereitungszeit

Für 6 Portionen:

1 große Aubergine

3 EL Olivenöl

1 Frühlingszwiebel – fein gehackt

1 Knoblauchzehe

2 TL Ras el-Hanout – Gewürzmischung

1 TL Tomatenmark

4 TL Wasser

2 EL Tahin

1 Prise Salz

25g Mandeln – gerieben

10g Mandelflocken

10g Sultaninen (alternativ Rosinen)

20g frische Minze – fein gehackt

Saft einer halben Zitrone

Cocktailspieße zum Aufspießen

1 Die Oberseite der Aubergine entfernen, dann jeweils eine dünne Scheibe von beiden Seiten abscheiden und wegwerfen. Die restliche Aubergine, der Länge nach in 6 gleiche Scheiben schneiden.

2 Jede Auberginenscheibe leicht mit etwas Olivenöl bepinseln und für etwa 20 Minuten unter einmaligem Wenden auf einen vorgeheizten Grill legen, bis beide Seiten goldbraun sind und die Aubergine weich ist. In der Zwischenzeit die Frühlingszwiebel mit einem Esslöffel Öl leicht anbraten, den Knoblauch und das Ras el-Hanout hinzufügen und eine weitere Minute braten.

3 Das Tomatenmark, Wasser, Tahin und Salz hinzufügen und eine weitere Minute leicht anbraten. Vom Herd nehmen und die gemahlenen Mandeln unterrühren. Es sollte eine streichfähige Paste sein, wenn sie zu dickflüssig ist, etwas mehr Wasser hinzufügen.

4 Verteilen Sie die Mandelmasse auf einer Seite jeder Auberginenscheibe und bestreuen Sie sie mit den Sultaninen (oder Rosinen) und Mandelflocken.

5 Aufrollen und mit einem Cocktailspieß befestigen.

6 **Minz-Dip:** Minze, Zitronensaft und 2 von den 3 angegebenen EL Öl verquirlen. Fertig!

Gegrillte Pflaumen mit Couscous

4 Portionen – 20 Minuten Zubereitungszeit

Für 4 Portionen:

2 reife aber feste Pflaumen – halbiert und entkernt

1 TL Sonnenblumen-Öl

125 Vollkorn-Couscous

200ml Gemüsebrühe

4 Frühlingszwiebeln – fein geschnitten

25g Mandeln

2 EL Olivenöl

Saft einer Zitrone

25g frische Minze

25g Fetakäse

Schwarzer Pfeffer zum Würzen

1 Legen Sie die geschnittenen Pflaumen mit der Seite nach unten auf die heiße Grillplatte und lassen Sie sie 4 Minuten garen, bis sie weich und saftig sind.

2 Die heiße Brühe über den Couscous gießen, zudecken und 5 Minuten stehen lassen. Mit einer Gabel aufschlagen, um Klumpenbildung zu vermeiden.

3 Die Mandeln in einer trockenen Bratpfanne ein bis zwei Minuten rösten, bis sie leicht gebräunt und aromatisch sind.

4 Olivenöl, Zitronensaft und Minze verquirlen.

5 Frühlingszwiebeln, Mandeln und Minz-Dressing unter den Couscous rühren und etwas auf die Pflaumen träufeln.

6 Die gegrillten Pflaumen mit zerbröseltem Fetakäse servieren, mit dem restlichen Minz-Dressing beträufeln und mit einer guten Würzung von gemahlenem schwarzem Pfeffer abschließen.

Feine Karotten-Koriander-Röstis

12 Portionen – 10 Minuten Zubereitungszeit (+ 30 Minuten Wartezeit)

1 Mehl, Gewürze und Salz in einer mittelgroßen Schüssel mischen. Etwa 5 Esslöffel Wasser hinzufügen und verquirlen. Es soll ein cremiger Teig werden. Wenn die Mischung zu dickflüssig ist, fügen Sie etwas mehr Wasser hinzu.

2 Lassen Sie den Teig 30 Minuten stehen. Danach die geriebene Möhre und die in Scheiben geschnittene Zwiebel gründlich unterrühren, bis alle mit einem Teigmantel umzogen ist.

3 Etwas Sonnenblumen-Öl auf der Grillplatte erhitzen, beziehungsweise den Rost damit einpinseln. Löffelweise Teigmischung auf die Grillplatte legen und mit der Rückseite des Löffels breitdrücken und ca. 3 Minuten auf jeder Seite braten, bis Sie braun und knusprig sind.

Für 12 Portionen:

40g Kichererbsenmehl

2 EL selbstreibendes Mehl – lässt sich hervorragend aus Backpulver, Natron, Salz und normalem Mehl zuhause herstellen

1 TL Koriander – gemahlen

1 TL Paprikapulver

1 Prise Salz

300g Karotten – gerieben

½ kleine rote Zwiebel – geschält, halbiert und in dünne Scheiben geschnitten

Etwas Sonnenblumen-Öl zum Braten

Köstliche Seitan Negimaki

8 Portionen – 40 Minuten Zubereitungszeit (+ 2,5 Stunden Wartezeit)

Für 8 Portionen:

1800ml Gemüsebrühe

6 Knoblauchzehen – gestampft

15g frischer Ingwer – gehackt

1 TL frischer Ingwer –
so zerkleinern, dass eine grobe Paste entsteht

150g Weizengluten

3 EL Hefeflocken

170ml kaltes Wasser

60ml Sojasoße

80ml Hoisin-Soße

60ml japanischer Mirin

2 TL Sriracha

1 TL geröstetes Sesamöl

200g Frühlingszwiebeln – nur der grüne Teil, ca. 5cm lange Schnitte

2-3 EL geröstete Sesamkörner

Zahnstocher aus Holz

1. **Seitan First!** Die Brühe, den Knoblauch und den gehackten Ingwer in einen Topf geben und zum Kochen bringen. In der Zwischenzeit Seitan zubereiten.

2. Mischen Sie Weizengluten und Hefeflocken in einer Rührschüssel. 170ml kaltes Wasser und die Sojasoße hinzugeben und zwei bis drei Minuten kneten, bis ein fester Teig entsteht. Den Teig zu einem flachen Quader formen, der etwa 20cm lang und 10cm breit ist.

3. Wenn die Brühe kocht, auf kleiner Flamme köcheln lassen und den Seitan eintauchen. 30 Minuten lang köcheln lassen, wobei der angelehnt bleiben muss, damit der Dampf entweichen kann. In der Brühe vollständig abkühlen lassen. Anschließend den Seitanblock in 16 Scheiben schneiden (3mm dick).

4. **Die Marinade zubereiten:** Beginnen Sie damit, sobald der Seitan abgekühlt ist. Mischen Sie dazu in einer flachen, breiten Schüssel Hoisin-Soße, Mirin, 3 EL Wasser, Sriracha, Ingwerpaste und das geröstete Sesamöl.

5. Die Seitanscheiben eine Stunde lang in die Marinade legen. Danach den Seitan in der Schüssel zur Seite schieben und Frühlingszwiebelstreifen in der Flüssigkeit wenden.

6. 4-5 Frühlingszwiebelstreifen in eine Seitanscheibe einrollen und mit einem Zahnstocher befestigen.

7. Die Rollen bei mittlerer Hitze allseitig grillen, bis sich Grillspuren bilden.

Beilagen & Salate

Veganer Kartoffelsalat

4 Portionen – 30 Minuten Zubereitungszeit

Für 4 Portionen:

900g Kartoffeln

2 kleine rote Zwiebeln

1 Knoblauchzehe

65ml Essig

160ml Wasser

2 EL Agavendicksaft oder Ahornsirup

1 Bündel Radieschen

4 Frühlingszwiebeln

20g frische Petersilie

2 EL Senf

4 Essiggurken

Salz zum Würzen

1 Optional: Die Kartoffeln schälen.

2 Die Kartoffeln in Salzwasser kochen. Wenn Sie nicht genug Salz hinzufügen, schmecken die Kartoffeln nach nichts. Prüfen Sie nach 15 Minuten, ob sie gar sind, indem Sie mit einer Gabel hineinstechen. Wenn sich die Kartoffeln leicht durchstechen lassen, sind sie gar.

3 Kippen Sie die Kartoffeln in ein Sieb und lassen Sie sie etwa 5 Minuten abkühlen, dann schneiden Sie sie grob in 5mm breite Schreiben.

4 **Für das Dressing:** Zwiebeln würfeln, Knoblauch raspeln und in einen kleinen Topf geben. Essig und Wasser hinzufügen und köcheln lassen, bis die Zwiebeln weich sind.

5 Sobald die Zwiebeln weich sind, Agavendicksaft oder Ahornsirup, Send und Salz hinzufügen. Es werden einige Krümel und Reste von den Kartoffeln abgefallen sein. Diese können Sie mit ins Dressing geben.

6 Schneiden Sie die Radieschen in feine Scheiben, hacken sie die Frühlingszwiebeln, die Essiggurken und die Petersilie.

7 Nun alles in eine Salatschüssel geben. Gut durchmischen, probieren und eventuell noch etwas Salz nach Belieben hinzufügen.

Salat mit gegrilltem Panir-Käse

4 Portionen – 20 Minuten Zubereitungszeit

1 Den Grill auf mittlere Hitze anheizen.

2 Kombinieren Sie alle Chutney-Zutaten in einem Mixer. Verarbeiten Sie die Zutaten, bis eine feine, cremige Mischung entsteht. Schaben Sie sie bei Bedarf von den Wänden des Mixers ab.

3 Den Käse und das vorbereitete Gemüse mit der Hälft des Chutneys bestreichen. Den Käse und das Gemüse pro Seite etwa 5 Minuten grillen. Nehmen Sie den Käse herunter, wenn beide Seiten schöne braune Linien haben. Entfernen Sie das Gemüse, wenn es weich gegart ist.

4 Um den Salat zusammenzustellen, breiten Sie ihn auf einem großen Teller aus. Dann das Gemüse darauflegen. Den Panir-Käse in Würfel schneiden und zum Salat geben. Mit dem Olivenöl beträufeln und mit Salz bestreuen. Anschließend mit dem restlichen Chutney servieren.

Für 4 Portionen:

Zutaten für Chutney:

50g Korianderblätter

15g Minzblätter

½ kleine Zwiebel – geschält

1 EL Limettensaft

½ EL frischer Ingwer

½ EL Knoblauch

½ TL Kreuzkümmel

½ TL Salz

Grüne Chili – optional

Zutaten für Salat:

Grünes Chutney

350g Panir-Käse

1 kleine Zwiebel – geschält und gewürfelt

8 Mini-Paprikas – halbiert und entkernt

1 kleiner Kopf Römersalat

2 EL Olivenöl

¼ TL Salz

Couscous-Salat mit gegrilltem Gemüse

6 Portionen – 30 Minuten Zubereitungszeit

Für 6 Portionen:

Für Gemüse und Couscous:

3 EL Olivenöl

300g Couscous

350ml Gemüsebrühe

1 rote Paprika – entkernt und gewürfelt

1 orange Paprika – entkernt und gewürfelt

1 Zucchini – der Länge nach in Balken geschnitten

450g grüner Spargel – geschnitten

1 kleine Zwiebel – halbiert

2 TL Balsamico-Essig

1 EL frische Minze – gehackt

1 EL frisches Basilikum – gehackt

Für die Zitronen-Vinaigrette:

60ml Zitronensaft

120ml Olivenöl

1 TL Dijon Senf

Salz und Pfeffer

1 **Für die Vinaigrette:** In einer kleinen Schüssel oder einem Einmachglas Zitronensaft, Olivenöl, Dijon Senf, Salz und Pfeffer verrühren. Bis zum Gebrauch beiseitestellen.

2 **Für das Grillgemüse und den Couscous:** 1 Esslöffel Olivenöl in einem mittelgroßen Kochtopf bei mittlerer Hitze erhitzen. Den Couscous unter häufigem Rühren hinzufügen, bis er leicht goldbraun ist. Die Brühe zugeben und zum Kochen bringen. Die Hitze auf die niedrigste Stufe reduzieren und zugedeckt ca. 10 Minuten oder bis die gesamte Flüssigkeit aufgesogen ist, köcheln lassen.

3 Den Couscous mit einer Gabel locker schlagen und beiseitestellen. Grill anheizen und währenddessen das Gemüse mit dem restlichen Olivenöl und Balsamico-Essig beträufeln. Nach Geschmack nach mit Salz und Pfeffer würzen. Das Gemüse portionsweise grillen, bis es weich und leicht braun ist. Etwa 8-10 Minuten für Paprika und Zwiebel, 7 Minuten für die Zucchini und 4 Minuten für den Spargel.

4 Nehmen Sie das Gemüse vom Grill, lassen Sie es etwas abkühlen und schneiden Sie es dann in 2,5cm große Stücke.

5 In einer mittelgroßen Schüssel das gegrillte Gemüse mit dem israelischen Couscous mischen. Anschließend mit der Vinaigrette verrühren. Fügen Sie frische Minze und Basilikum hinzu und vermischen Sie es. Mit Salz und Pfeffer abschmecken.

Leckerer und einfacher Mais-Salat

6 Portionen – 15 Minuten Zubereitungszeit

1 Alle Zutaten in einer Schüssel zusammenführen und gut durchmischen. Dann mit Salz und Pfeffer nach eigenem Geschmack würzen.

Für 6 Portionen:

700g Mais

200g Kirschtomaten – halbiert

50g Fetakäse

¼ rote Zwiebel – fein gehackt

5g Basilikum – fein geschnitten

3 EL natives Olivenöl extra

Saft einer Limette

Salz

Schwarzer Pfeffer – gemahlen

Leckerer und einfacher Gurkensalat

6 Portionen – 15 Minuten Zubereitungszeit

Für 6 Portionen:

3 mittelgroße Gurken – in dünne Scheiben geschnitten

¼ rote Zwiebel – dünn geschnitten

100g griechischer Joghurt

Saft einer Zitrone

1 EL Dill – gehackt

Salz

Schwarzer Pfeffer – gemahlen

1. Zwiebeln und Gurken in einer Schüssel vermischen.
2. In einer kleinen Schale den Joghurt, Zitronensaft und Dill verquirlen, bis ein cremiges Dressing entsteht. Dann mit Salz und Pfeffer abschmecken.
3. Das Dressing über die Gurken und Zwiebeln gießen und gut verrühren.

Köstlicher Kohlsalat (Cole Slaw)

8 Portionen – 15 Minuten Zubereitungszeit

1 Vermischen Sie Kohl, Zwiebeln, Sellerie, Karotten und 85g des Blauschimmelkäses in einer großen Schale.

2 In einer kleinen Schale, die Zutaten für das Dressing gut vermischen.

3 Das Dressing über den Salat kippen und gut miteinander vermengen. Vor dem Servieren mit Schnittlauch und dem restlichen Blauschimmelkäse bestreuen.

Für 8 Portionen:

Für den Cole Slaw:

½ Kopf Grünkohl – dünn geschnitten

½ Zwiebel – in dünne Scheiben geschnitten

4 Stangen Staudensellerie – fein gehackt

2 mittelgroße Karotten – gerieben

115g Blauschimmelkäse – zerbröselt

1 EL Schnittlauch – gehackt

Für das Dressing:

4 EL Mayonnaise

4 EL scharfe Soße (nach Ihrer Wahl)

4 EL Apfelessig

1 TL Knoblauchpulver

½ TL Salz

Halloumi-Kichererbsen-Salat

4 Portionen – 20 Minuten Zubereitungszeit

Für 4 Portionen:

4 Zucchini – diagonal in ca. 1cm breite Scheiben geschnitten

2 EL Olivenöl

2 EL Zitronensaft

250g Halloumi

2 Dosen Kichererbsen – abgetropft und gespült

2 EL frische Minze – gehackt

2 EL Petersilie - gehackt

1 Grill auf mittlerer Hitze anheizen. Olivenöl und Zitronensaft in einer Schüssel vermischen.

2 Zucchini zart-knusprig grillen. Halloumi ebenfalls in 1cm dicke Scheiben schneiden und grillen, bis schöne dunkle Streifen auf beiden Seiten entstehen.

3 Die Zucchini, den Halloumi und die Kichererbsen gleichmäßig auf Teller verteilen. Das Dressing aus Schritt 1 darüber träufeln. Abschließend mit Minze und Petersilie garnieren.

Pinoy Elote

4 Portionen – 20 Minuten Zubereitungszeit

Für 4 Portionen:

40g Kokosnuss – flockig, ungesüßt

4 Maiskolben

4 EL Mayonnaise

2 TL Ponzusoße

3 EL frischer Koriander – gehackt

2 Frühlingszwiebeln – fein gehackt

Optional: Limettenwedges (Spalten, Keile, Achtel) zum Garnieren

1 Ofen auf 175 Grad Celsius vorheizen. Die Kokosnuss auf einem mit Backpapier belegtem Backblech ausbreiten und 6 – 8 Minuten lang rösten. Währenddessen gelegentlich durchmischen/wenden.

2 Den Grill auf mittlere Hitze anheizen. Dann die Maiskolben grillen und alle 2 Minuten drehen, bis überall Grillstreifen und goldbraune Farben zu sehen sind.

3 Mayonnaise und Ponzusoße in einer kleinen Schale vermischen und dann über den Mais träufeln. Mit Kokosnuss, Koriander und Frühlingszwiebeln bestreuen.

4 Optional: Limettenspalten über dem Mais ausquetschen und mit dem Saft beträufeln.

Süßkartoffel-Fenchel-Salat

4 Portionen – 60 Minuten Zubereitungszeit

Für 4 Portionen:

4 kleine Süßkartoffeln

1 Fenchelknolle – dünn geschnitten

1 EL Olivenöl + etwas mehr zum Bepinseln

1 Zitrone – ½ dünn geschnitten, ½ entsaftet

4 Radieschen – in dünne Scheiben geschnitten

85g Brunnenkresse

2 EL Buttermilch

3 EL frischer Dill – gehackt

1 Den Ofen auf 190 Grad Celsius vorheizen (Umluft 170 Grad). Die Süßkartoffeln auf ein Backblech legen und 20-25 Minuten im Ofen lassen, bis sie beim Durchstechen mit einem scharfen Messer oder einer Gabel gerade weich sind. Feuern Sie in der Zwischenzeit den Grill an und warten Sie, bis die Flammen erloschen sind.

2 Legen Sie die Süßkartoffeln beiseite und lassen Sie sie etwas abkühlen. Schälen Sie sie dann und schneiden Sie das Fruchtfleisch in 2cm dicke Scheiben. Die Süßkartoffel- und Fenchelscheiben mit etwas Olivenöl bepinseln und dann ungefähr 2 Minuten pro Seite Grillen. Fügen Sie die Zitronenscheiben für die letzte Minute des Grillens hinzu und wenden Sie sie nach 30 Sekunden. Anschließend, zusammen mit den Radieschen und der Kresse auf einem Teller anrichten.

3 In einer kleinen Schüssel Buttermilch, Olivenöl und Zitronensaft verrühren. 1 Esslöffel Dill einrühren. Das Dressing über den Salat träufeln und dem restlichen Dill bestreuen und servieren.

Kartoffelspalten mit Cajun-Gewürz

4 Portionen – 45 Minuten Zubereitungszeit

1 Ofen auf 220 Grad Celsius vorheizen. Die Kartoffeln zu Kartoffelsaplten (keilförmig) schneiden und mit Olivenöl und Cajun-Gewürz vermischen.

2 Erhitzen Sie eine ofenfeste, große, beschichtete Pfanne bei mittlerer Hitze und fügen Sie die Kartoffeln hinzu. Die Wedges sollten nicht aufeinander liegen. Bei gelegentlichen Wenden ca. 15 Minuten anbraten, bis sie von allen Seiten gebräunt sind. Geben Sie dann vorsichtig das Wasser in die Pfanne und schieben Sie anschließend in den Ofen.

3 Garen Sie die Kartoffeln mit einer einmaligen Wendung weiter, bis sie weich sind und die Außenseite knusprig wird (etwa 20 weitere Minuten). In der Zwischenzeit den Joghurt mit dem Senf und einer Prise Salz mischen. Servieren Sie die Kartoffeln am besten warm mit Senf-Joghurt-Dip.

Für 4 Portionen:

3 mittelgroße Kartoffeln

1 EL Olivenöl

1 TL Cajun-Gewürz

3 EL griechischer Joghurt

1 EL Senf

60ml Wasser

Salz nach eigenem Belieben

Kartoffelsalat mit viel Knoblauch

8 Portionen – 10 Minuten Zubereitungszeit

Für 8 Portionen:

25 kleine Kartoffeln – gekocht und geschnitten

350ml Mayonnaise

60ml Dijon Senf

2 EL frischer Limettensaft

2 EL Chipotle-Püree

1 große reife Tomate – gewürfelt

25g frischer Koriander – gehackt

3 Frühlingszwiebeln – gehackt

1 mittelgroße rote Zwiebel – in dünne Scheiben geschnitten

½ TL Cayenne Pfeffer

4 Knoblauchzehen – fein gehackt

Salz und Pfeffer

1. Alle Zutaten außer den Kartoffeln in einer mittelgroßen Schüssel vermengen und mit Salz und Pfeffer abschmecken. Warme Kartoffeln in eine große Schüssel geben und die Mischung aus der anderen Schüssel dazu geben. Abschließend gut vermischen.

2. Bei Bedarf nochmals mit Salz und Pfeffer abschmecken und servieren.

Rucola-, Wassermelonen-, Fetasalat

4 Portionen – 10 Minuten Zubereitungszeit

1 Orangensaft, Zitronensaft, Schalotten, Honig, Salz und Pfeffer verquirlen. Das Olivenöl langsam unter ständigem Rühren zuführen. Wenn es nicht innerhalb einer Stunde verbraucht wird, das Dressing zugedeckt im Kühlschrank aufbewahren.

2 Legen Sie den Rucola, die Wassermelone, den Feta und die Minze in eine große Schüssel. Mit genügend Dressing beträufeln. Abschließend nach eigenem Belieben würzen und servieren.

Für 4 Portionen:

60ml frisch gepresster Orangensaft

60ml frisch gepresster Zitronensaft

1 große Schalotte – gehackt

1 EL Honig

1 TL Salz

½ TL schwarzer Pfeffer – gemahlen

120ml Olivenöl

200g Rucola – gewaschen und geschleudert

1/8 Wassermelone – kernlos, 2cm x 2cm Würfel

350g Fetakäse - 1cm x 1cm Würfel

120g frische Minzblätter

Mozzarella in Carrozza

4 Portionen – 20 Minuten Zubereitungszeit

Für 4 Portionen:

340g Büffelmozzarella

8 Scheiben weiches weißes Brot (Toast) – Kruste/Rand entfernt

3 Eier

120ml Milch

65g Mehl

Olivenöl

Salz und Pfeffer nach Geschmack

1 Schneiden Sie den Mozzarella in Scheiben und verteilen Sie ihn auf 4 Brotscheiben. Mit den restlichen 4 Brotscheiben deckeln.

2 In einer kleinen Schüssel die Eier mit der Milch verquirlen. Mit Salz und Pfeffer würzen.

3 Das Mehl in eine andere Schüssel geben. Die Sandwiches in dem Mehl wenden, sodass alles bedeckt ist und dann Ei-Milch-Mixtur tauchen.

4 Etwa 3 Esslöffel Olivenöl einer großen, beschichteten Pfanne erhitzen. Geben Sie die Sandwiches in die Pfanne und braten Sie sie beidseitig ca. 10 Minuten goldbraun und knusprig an. Der Mozzarella sollte beim Verzehr des Sandwiches vollständig geschmolzen und zähflüssig sein. Scheiden Sie die Sandwiches in zwei Hälften, so dass 2 Dreiecke entstehen.

Rote Beete mit Knoblauch-Vinaigrette

4 Portionen – 30 Minuten Zubereitungszeit

1 Wickeln Sie die Knoblauchzehen in ein Stück Backpapier. Wickeln Sie außerdem jede rote Beete einzeln in Backpapier ein. Knoblauch und rote Beete in eine mikrowellengeeignete Schale geben und 3 Minuten erhitzen. Entfernen Sie den Knoblauch und legen Sie ihn, noch eingewickelt beiseite. Die roten Beeten in Abständen von 2 Minuten weiter „kochen", bis sie sich leicht mit einem Messer durchstechen lassen (i.d.R. 8 bis 10 Minuten). In Backpapier eingewickelt 15 Minuten ruhen lassen, um den Kochvorgang abzuschließen und sie abzukühlen.

2 In der Zwischenzeit Joghurt, Wasser, Essig, Öl und 1/8 Teelöffel Salz in einer kleinen Schüssel vermischen. Die Knoblauchzehen vollständig zerdrücken und in die Vinaigrette rühren. Mit Salz und Pfeffer abschmecken. Zugedeckt in den Kühlschrank stellen, aber vor dem Servieren auf Raumtemperatur bringen.

3 Die rote Beete mit einem Schälmesser schälen und in Spalten (keilförmige Achtel) oder Scheiben schneiden. Auf einem Teller anrichten, mit der Vinaigrette beträufeln und mit der Minze und den Pistazien bestreuen. Direkt servieren, solange die rote Beete noch warm ist.

Für 4 Portionen:

3 Knoblauchzehen

2 große rote Beeten

100g griechischer Joghurt

1 EL Wasser

2 TL Balsamico-Wasser

2 TL natives Olivenöl extra

2 EL frische Minzblätter

1 EL Pistazien – geröstet und gehackt

Couscous-Salat mit bunten Paprikas

4 Portionen – 20 Minuten Zubereitungszeit

Für 4 Portionen:

1 EL + 1 TL natives Olivenöl extra

1 große Knoblauchzehe – gehackt

½ kleine rote Zwiebel – gehackt

3 mittelgroße Paprikas – rot, orange, gelb oder grün; fein gewürfelt

2 TL frischer Oregano – fein gehackt

120g Couscous

160ml Wasser

Zitronenspalten zum Servieren

Salz und Pfeffer nach eigenem Belieben

1 Das Olivenöl in einem Topf bei mittlerer Stufe erhitzen; Knoblauch und Zwiebel hinzufügen und unter häufigem Rühren ca. 2 Minuten braten, bis es duftet. 160ml Wasser, die Paprikas, Oregano, Salz und Pfeffer hinzufügen und bei starker Hitze kochen lassen, bis die Paprikas gerade weich werden (i.d.R. 2 bis 3 Minuten). Den Couscous einrühren und sofort zugedeckt vom Herd nehmen. So lange stehen lassen, bis die Flüssigkeit aufgesogen und der Couscous weich ist (ca. 7 Minuten).

2 Auf einen Teller oder in eine große Servierschüssel geben und mit Zitronenspalten (zum Ausdrücken) servieren.

Gegrillte Süßkartoffelspalten

8 Portionen – 25 Minuten Zubereitungszeit

1 Die Kartoffelecken mit dem Öl bepinseln und mit dem Allzweck-Rub würzen.

2 Auf dem Grill oder in einer Bratpfanne braten und einmal wenden, bis schöne Grillspuren entstehen oder sie sich knusprig braun verfärben.

3 Den Sirup mit dem Senf vermischen. Die Kartoffeln mit der Glasur bestreichen und einige Male wenden, um sie zu karamellisieren.

Für 8 Portionen:

3 Süßkartoffeln – durchgekocht und in Spalten geschnitten

Rapsöl – zum Bepinseln

1 EL Allzweck-Rub

60ml Ahornsirup

30g-45g Dijon Senf

Spinatsalat mit Ziegenkäse und Walnüssen

4 Portionen – 15 Minuten Zubereitungszeit

Für 4 Portionen:

Für das Dressing:

1 EL Rotweinessig

1 EL rote Zwiebel – gehackt

2 TL Dijon Senf

¼ TL Salz

Schwarzer Pfeffer – gemahlen

3 EL Walnussöl

Für den Salat:

250g Babyspinat –
Stiele entfernt, gewaschen und getrocknet

65g Walnüsse – ganze,
gehackte oder geröstete

75g Ziegenkäse - zerbröselt

1 Mischen Sie Essig, Zwiebel, Senf, Salz und Pfeffer in einer kleinen Schüssel. Nach und nach das Öl einrühren, um ein cremiges Dressing zu erhalten.

2 Geben Sie den Spinat, bis auf eine große Hand voll, in eine große Schüssel. Mit dem größten Teil des Dressings vermischen. Den restlichen Spinat hinzufügen und weiter schwenken, bis er gut umhüllt ist.

3 Mit Ziegenkäse und Walnüssen bestreuen und servieren.

Gegrillte Pilze mit Trüffelöl und Parmesan

4 Portionen – 20 Minuten Zubereitungszeit

1 Heizen Sie den Grill auf mittlerer Hitze vor. Die Pilze mit Rapsöl bepinseln und nach Belieben mit Salz und Pfeffer würzen.

2 Grillen, bis sie goldbraun und weich sind.

3 Die Pilze in einer Servierschüssel oder auf Tellern platzieren und mit Rucola, Petersilie und Parmesan bestreuen. Abschließend mit etwas Trüffel-Öl beträufeln.

Für 4 Portionen:

750g Waldpilze (ihrer Wahl)

50g Rucola

50g geriebener Parmesan

Frische Petersilie – gehackt, zur Verzierung

Rapsöl und Trüffel-Öl

Salz und Pfeffer

Indischer Kartoffelsalat

4 Portionen – 25 Minuten Zubereitungszeit

Für 4 Portionen:

2 EL Rapsöl

10g Knoblauch – gehackt

40g-75g rote Zwiebeln – gehackt

1 Tomate – gehackt

1 TL Kurkuma

1 TL braune Senfkörner

1 Prise Kreuzkümmel

2 EL Curryblätter – getrocknet

½ TL Kardamomsamen

1 Prise Salz

Schwarzer Pfeffer – gemahlen

450g kleine rote Kartoffeln – gewaschen und geviertelt

Saure Sahne und Wasser (so viel, dass bei Schritt 2 eine cremige Masse entsteht, die die Kartoffeln schön umschließt)

1 Das Öl in einer großen Pfanne bei mittlerer Hitze erhitzen und den Knoblauch und die Zwiebeln hinzufügen. 2 bis 3 Minuten braten, dann die gehackte Tomate hinzufügen und umrühren. 30 Sekunden kochen lassen und dann Kurkuma, Senfkörner, Kardamomsamen, Kreuzkümmel, Curryblätter, Salz und Pfeffer dazugeben.

2 Die Kartoffeln hinzufügen und umrühren. Saure Sahne und Wasser hinzugeben, umrühren und 15 Minuten kochen lassen, bis die Kartoffeln gar sind. Sie sind gar, wenn die Soße eingedickt ist und die Kartoffeln weich sind.

Brokkoli-Cashew-Salat

4 Portionen – 10 Minuten Zubereitungszeit (+ 1 Stunde Wartezeit)

1 Die Cashewnüsse abtropfen lassen und in eine kleine Küchenmaschine (Mixer, Blender) geben. Die restlichen Dressing-Zutaten ebenfalls in die Küchenmaschine geben und mixen, bis sie cremig sind, wobei die Innenseiten des Mixers erfahrungsgemäß abgekratzt werden müssen. Dies kann einige Minuten dauern, seien Sie also geduldig.

2 Mischen Sie in einer großen Schüssel Brokkoli, rote Zwiebeln, Koriander und Cranberries, bis alles gleichmäßig verteilt ist.

3 Das Dressing einrühren, bis der Salat gleichmäßig bedeckt ist. Mindestens eine Stunde zugedeckt in den Kühlschrank stellen, damit sich die Aromen entfalten können.

4 Kurz vor dem Servieren die Sonnenblumenkerne und Cashewnüsse über den Salat streuen. Fertig!

Für 4 Portionen:

Für das Dressing:

115g Cashewnüsse – geröstet, gesalzen und über Nacht in Wasser eingeweicht

80ml Wasser

1 EL Apfel-Essig

4 TL gelbes Currypulver

2 ½ TL Honig

½ TL Salz

1 Prise Pfeffer

Für den Salat:

230g Brokkoli – in kleine Stücken geschnitten

20g frischer Koriander – grob gehackt

40g rote Zwiebeln – fein gewürfelt

30g Cranberries – getrocknet, ungesüßt und grob gehackt

2 EL Sonnenblumenkerne

2 EL Cashewnüsse – geröstet, gesalzen und gehackt

Besondere Frühlingsrollen mit gegrilltem Spargel

2-4 Portionen – 25 Minuten Zubereitungszeit

Für 2-4 Portionen:

225g grüner Spargel

1 TL Olivenöl

Dressing:

2 EL Orangensaft – frisch gepresst

1 EL Walnussöl

2 TL Honig

1 Prise rote Chili-Flocken

3-4 Hände voll Spinat, Eisbergsalat oder Ähnliches

185g Quinoa – gekocht

6-10 Reispapierblätter

1 Zuerst den Grill anheizen. Spargel mit Olivenöl ummanteln und auf den Grill legen. Grillen, bis er schön braun und weich ist. Vom Grill nehmen und kurz abkühlen lassen. Spargel in Streifen schneiden und die Streifen horizontal halbieren, damit sie in die Frühlingsrollen passen.

2 Mischen Sie Orangensaft, Walnussöl, Honig und eine Prise rote Chili-Flocken in einem Einmachglas oder einem anderen Behälter mit Deckel. Gut schütteln und auf Schärfe testen – falls gewünscht mehr Chilis hinzufügen.

3 Vermischen Sie Salat und Quinoa in einer großen Schüssel. Das Dressing darüber träufeln und so lange vermischen, bis alles gut verteilt ist.

4 Richten Sie eine „Rollstation“ mit gegrilltem Spargel, Quinoa-Salat-Mischung, Reispapieren, einer Schale mit heißem Wasser, die groß genug ist, um die Frühlingsrollen aufzunehmen, und einem Schneidebrett ein.

5 Weichen Sie das Reispapier 10 bis 15 Sekunden ein (es soll nicht zu weich sein, wenn Sie es aus dem Wasser nehmen, aber biegsam genug zum Rollen). Legen Sie das Reispapier auf ein Schneidbrett und bestücken Sie es mit der Quinoa-Salat-Mischung und dem gegrillten Spargel. Einrollen und die Seite nach Belieben einklappen. Wiederholen, bis die Zutaten aufgebraucht sind.

BBQ Teriyaki Pilze

4 Portionen – 40 Minuten Zubereitungszeit

1 Öl, Knoblauch und Ingwer in einer Pfanne bei mittlerer Hitze erhitzen, bis sie brutzeln. Teriyaki-Soße, Zucker und Essig hinzugeben und 8 bis 10 Minutenlang kräftig sprudeln lassen, bis die Soße leicht reduziert ist.

2 Legen Sie die Steinpilze in eine große Schüssel, fügen Sie die Hälfte der Soße aus Schritt 1 hinzu und vermischen Sie sie vorsichtig mit den Händen. Zum Marinieren 30 Minuten beiseitestellen.

3 Die Pilze bei wenig Hitze grillen, mit der Lamellenseite nach unten für weitere 3 bis 4 Minuten, bis sie weich sind. Auf einen Teller geben, mit der restlichen Soße beträufeln und mit den Frühlingszwiebeln und Sesamkörnern bestreuen.

Für 4 Portionen:

2 EL Pflanzenöl

1 Knoblauchzehe – fein gehackt

3cm einer Ingwerknolle – geschält und gerieben

150ml Teriyaki-Soße

5 EL Zucker

2 EL Reisessig

600g Steinpilze

3 Frühlingszwiebeln – fein geschnitten

2 TL Sesamkörner

Apflekrautsalat mit Mohndressing

6 Portionen – 40 Minuten Zubereitungszeit

Für 6 Portionen:

Für das Dressing:

3 EL Apfelessig

2 EL Honig

2 TL Dijon Senf

1 ½ TL Mohn

¼ TL Salz

Schwarzer Pfeffer – gemahlen

3 EL Pflanzenöl

50g rote Zwiebeln – fein gewürfelt

Für den Krautsalat:

450g (Grün-)Kohl

2 mittelgroße Äpfel (Granny Smith oder Fuji)

1 Essig, Honig, Senf, Mohn und Salz in eine große Schüssel geben, mit Pfeffer würzen und mit einem Schneebesen verrühren. Das Öl unter ständigem Rühren langsam hinzufügen, bis das gesamt Öl eingerührt ist. Die Zwiebel hinzufügen, umrühren und beiseitestellen.

2 Waschen und trocknen Sie den Grünkohl. Schneiden Sie die zähen Stängel ab und entsorgen Sie sie. Die Blätter zu Stapeln anordnen, quer in 5mm breite Bänder schneiden und in die Schüssel mit dem Dressing geben. Die Äpfel entkernen, in kleine Balken schneiden und ebenfalls in die Schüssel geben. Alles gut vermischen. Lassen Sie den Krautsalat mindestens 15 Minuten bei Zimmertemperatur und bis zu einen Tag lang im Kühlschrank ruhen lassen, damit sich die Aromen verteilen können. Vor dem Servieren nochmal gut durchmischen.

Gegrillte Paprika mit Ziegenkäse und Mandeln

6-8 Portionen – 15 Minuten Zubereitungszeit

1 Die Paprikas auf einer Servierplatte anrichten. Füllen Sie die Paprikaschoten mit einem kleinen Löffel mit Ziegenkäse.

2 In jede Paprika eine Mandel drücken und den Rest auf der Servierplatte verteilen. Vor dem Servieren mit Oregano-Blättern und schwarzem Pfeffer bestreuen. Abschließend mit Olivenöl beträufeln.

Für 6-8 Portionen:

115g Ziegenkäse

15-20 Peppadew Paprikas (Kirschpaprika)

50g Marcona Mandeln

1 EL frischer Oregano

3 EL natives Olivenöl extra

Schwarzer Pfeffer – gemahlen

Gegrillte Maitake Pilze mit Thai-Marinade

6 Portionen – 20 Minuten Zubereitungszeit (+4 Stunden Wartezeit)

Für 6 Portionen:

900g Maitake Pilze

Für die Marinade:

180ml Olivenöl

60ml Tamari

6 Frühlingszwiebeln – in kleine Stücke geschnitten

3 EL Ahornsirup

1 TL Currypulver

3 EL weißer Wein – trocken

¼ TL Salz

Schwarzer Pfeffer – gemahlen

1 Reinigen Sie die Pilze, indem Sie sie schnell unter laufendem Wasser abspülen. Legen Sie Papiertücher zum Abtropfen aus.

2 Die Pilze in 2cm dicke Scheiben schneiden und in ein oder zwei Auflaufformen zum Marinieren auslegen.

3 Alle Marinadezutaten in einen Mixer geben. Mixen, bis alles cremig und vollständig vermischt ist. Es dauert nur etwa eine Minute.

4 Die Marinade gleichmäßig über die vorbereiteten Pilze gießen.

5 Die Auflaufform(en) mit Frischhaltefolie abdecken und mindestens 4 Stunden in den Kühlschrank stellen.

6 Danach auf jeder Seite 3 bis 5 Minuten bei mittlerer Hitze grillen und genießen.

Hauptgerichte – Burger, Spieße, Grillkäse & Co

Klassische Halloumi-Burger

4 Portionen – 20 Minuten Zubereitungszeit

Für 4 Portionen:

250g Halloumi –
in 8 Scheiben geschnitten

1 EL Olivenöl

4 Brioche Burgerbrötchen

4 EL Hummus

1 große reife Tomate –
in dünne Scheiben geschnitten

4 Kopfsalatblätter

4 EL Tomaten Salsa

1 Erhitzen Sie den Grill. Alle Halloumischeiben auf jeder Seite mit Olivenöl bepinseln und auf jeder Seite 2 bis 3 Minuten grillen, bis sie goldbraun sind und schöne Grillspuren entstehen.

2 Teilen Sie die Brioche-Brötchen. (Grillen Sie sie, wenn Sie möchten kurz auf beiden Seiten, aber achte Sie darauf, dass sie nicht verbrennen.) Bestreichen Sie die unteren Hälften mit dem Hummus. Etwas Tomate und dann den Halloumi dazugeben, mit den Salat und der Salsa abschließen und mit den oberen Brötchenhälften deckeln.

Crispy Halloumi-Burger

4 Portionen – 15 Minuten Zubereitungszeit

1 Erhitzen Sie das Öl, bis es brutzelt, wenn Sie das Ende eines Stücks Halloumi darin eintauchen.

2 Wenden Sie jede Halloumischeibe in dem Mehl, sodass sie von einer dünnen Schicht ummantelt sind.

3 Legen Sie den Halloumi vorsichtig in das Öl und lassen ihn 2 bis 4 Minuten auf beiden Seiten goldbraun werden. (Wenn nötig, wenden Sie die Scheiben nach der Hälfte der Zeit).

4 Verwenden Sie in der Zwischenzeit einen Gemüseschäler, um die bereits geschälte Karotte und Gurke zu dünnen Streifen weiter zu verarbeiten. Vermischen Sie beides.

5 Nehmen Sie die Halloumischeiben aus dem Öl und lassen Sie sie für einen Moment auf Küchenpapier abtropfen, während Sie die Mayonnaise und Burgerbrötchen vorbereiten.

6 Die Brötchen teilen und die Hälften, mit der Innenseite nach unten, kurz auf den Grill legen. In der Zwischenzeit die Mayonnaise und die süß-scharfe Chilisoße vermischen.

7 Stellen Sie dir Burger zusammen, indem Sie die unteren Hälften mit der Chili-Mayonnaise bestreichen und dann mit einzelnen Salatblättern belegen. Darauf folgen jeweils 2 Scheiben des knusprigen Halloumis. Zu guter Letzt noch die Karotten-Gurken-Mischung auf den Burgern verteilen und nach Belieben, mehr von der Chili-Mayonnaise auftragen. Deckel drauf, fertig!

Für 4 Portionen:

250g Halloumi – in 8 Scheiben geschnitten

2 EL Mehl

Öl um eine Pfanne 1cm hoch zu befüllen

¼ Gurke – geschält

½ Karotte – geschält

4 Brioche Burgerbrötchen

4 Kopfsalatblätter

4 EL Mayonnaise

2 EL süße-scharfe Chilisoße

Vegane Spieße mit Avocado-Dressing

4 Portionen – 40 Minuten Zubereitungszeit

Für 4 Portionen:

3 ½ EL Olivenöl

2 Knoblauchzehen – fein gehackt

1 TL Chili-Flocken

3 Rosmarinzweige – fein gehackt

4 Portobello Pilze – geviertelt

4 Pfirsiche – entkernt und geviertelt

2 Zucchini – in 8 Stücke geschnitten

2 große rote Zwiebeln – jede in 8 Spalten/Wedges geschnitten

1 Avocado

50ml Wasser

Saft einer Zitrone

½ TL Senf

Geröstete Pinienkerne

Großer Beutel Rucola, Brunnenkresse und Spinat

Salz und Pfeffer

8 Holz- oder Metallspieße

1 Mischen Sie 3 Esslöffel ÖL mit dem gehackten Knoblauch, Chili-Flocken und Rosmarin. Spießen Sie abwechselnd Pilz-, Pfirsich-, Zucchini- und Zweibelstücke auf jeden Spieß. Sie können von allem zwei Stück auf die Spieße fädeln. Die Spieße mit dem aromatisierten Olivenöl bepinseln und mit Salz und Pfeffer würzen, dann beiseitestellen. Die Spieße können am Vortag vorbereitet und im Kühlschrank aufbewahrt werden.

2 Erhitzen Sie den Grill. In der Zwischenzeit die Avocado, die Hälfte des Zitronensaftes und 50ml Wasser zu einem cremigen Dressing verarbeiten und abschmecken. Den restlichen Zitronensaft, den übrigen halben Esslöffel Olivenöl und Senf zusammen verquirlen. Dann mit dem gemischten Rucolasalat und den gerösteten Pinienkernen verrühren.

3 Grillen Sie die Spieße 4 bis 5 Minuten auf jeder Seite, beziehungsweise bis sie durchgebraten und schön braun sind. Mit Avocado-Dressing und dem Salat servieren.

Karotten-Sesam-Burger

6 Portionen – 50 Minuten Zubereitungszeit

1 Geben Sie ein Drittel der geriebenen Karotten zusammen mit den Kichererbsen, der Zwiebel, 2 Esslöffeln Tahin, Kreuzkümmel und dem Ei in eine Küchenmaschine (Mixer). Zu einer dicken Paste aufschlagen, dann in eine große Schüssel kippen und die Innenwände des Mixers abschaben. Erhitzen Sie einen Esslöffel Öl in einer Pfanne, geben Sie die restlichen Möhren hinein und lassen Sie sie 8 bis 10 Minuten bei kontinuierlichem Rühren brutzeln, bis sie weich sind. Geben die gebratenen Karotten zusammen mit dem Paniermehl, der Zitronenschale und den Sesamkörnern zu der Paste. Nach Geschmack würzen und alles gut vermischen.

2 Die Mischung sechsteln und mit nassen Händen zu Patties formen. Bis zum Servieren kalt stellen. Joghurt mit der restlichen Sesampaste (Tahin) und Zitronensaft mischen, dann ebenfalls in den Kühlschrank stellen.

3 Schmeißen Sie den Grill an, oder erhitzen Sie eine beschichtete Bratpfanne und bestreichen Sie die Patties mit dem restlichen Öl. Dann auf jeder Seite 5 Minuten grillen/braten, bis sie goldbraun und knusprig sind. In der Zwischenzeit die Brötchen neben den Patties auf den Grill legen. Wenn die Patties fertig sind, jedes Brötchen mit etwas von dem zitronigen Sesamjoghurt bestreichen, die Avocado dazugeben und mit dem Patty, der Zwiebel und dem Rucola belegen. Mit einen Spritzer Chilisoße abschließen.

Für 6 Portionen:

750g Karotten – geschält und gerieben

400g Dose Kichererbsen – abgetropft und gespült

1 kleine Zwiebel – grob gehackt

2 EL Tahin + 1 TL zum Servieren

1 TL Kreuzkümmel – gemahlen

1 Ei

3 EL Olivenöl

100g Vollkorn-Paniermehl

Schale einer Zitrone – gerieben

1 TL Zitronensaft

150ml Naturjoghurt

6 Burgerbrötchen

Rucola – für die Burger

1 rote Zwiebel – in Scheiben geschnitten

1 Avocado – geschält und in kleine Stücke geschnitten

Chili-Soße

3 EL Sesamkörner

Halloumi-Wassermelonen-Spieße

4-6 Portionen – 20 Minuten Zubereitungszeit

Für 4-6 Portionen:

500g Halloumi

1 kleine Wassermelone

1 TL Koriander – gemahlen

1 TL Sumach

½ TL Zimt – gemahlen

1 TL Cayenne Pfeffer

1 TL schwarzer Pfeffer

1 Prise Salz

16 Holz- oder Metallspieße

1 16 Holzspieße 30 Minuten lang in kaltem Wasser einweichen oder Metallspieße verwenden.

2 Brechen Sie jeden Halloumi-Block entlang seiner natürlichen Spaltung auf und scheiden Sie die Hälften in große Stücke. Die Wassermelone in gleichgroße Stücke schneiden. Halloumi und Wassermelone abwechselnd auf die Spieße stecken. In einer kleinen Schüssel die Gewürze mit einer guten Prise Salz mischen, dann über die Spieße streuen und mit leichtem Druck einreiben, damit die Gewürzmischung hält.

3 Grillen Sie die Spieße bei indirekter Hitze. Die Spieße 2 bis 3 Minuten auf jeder Seite, oder bis Grillspuren entstehen und der Halloumi anfängt weich zu werden, grillen und servieren.

Halloumi-Spieße mit süßen Zwiebeln und Pilzen

4 Portionen – 30 Minuten Zubereitungszeit (+ 3 bis 4 Stunden Marinierzeit)

1 **Für die Marinade:** Zitronensaft, Rotweinessig, Olivenöl, griechische Gewürzmischung und Allzweck-Rub verquirlen.

2 Geben Sie die Champignons, Zwiebel- und Halloumistücke zusammen mit der Marinade in einen Gefrierbeutel und lassen Sie die Zutaten 3 bis 4 Stunden (länger ist auch in Ordnung) im Kühlschrank ruhen.

3 Wenn Sie zum Grillen bereit sind, achten Sie darauf, dass die Grillfläche sauber ist und bringen Sie ihn dann auf mittlere Hitze, während Sie die Champignons, Zwiebel- und Halloumistücke auf die Spieße stecken.

4 Besprühen Sie den Grill mit Antihaft-Spray oder nehmen Sie eine Bürste mit Öl (mit hohem Rauchpunkt), bevor Sie die Spieße auf den Rost legen.

5 Grillspieße etwa 6 Minuten pro Seite grillen, wobei der Käse bei Bedarf mit einem flachen Wender vom Grill weggekratzt werden muss, wenn Sie die Spieße wenden wollen. Heiß servieren.

Für 4 Portionen:

230g braune Champignons – gewaschen und Stiele entfernt

1 große Zwiebel – in pilzgroße Stücke geschnitten

250g Halloumi – in pilz- und zwiebelgroße Stücke geschnitten

Öl

Für die Marinade:

3 EL Zitronensaft

2 TL Rotweinessig

2 EL Olivenöl

1 TL griechische Gewürzmischung

½ TL Allzweck-Rub (oder ähnliche Gewürzmischung)

Spieße

Klassische Veggie-Burger

4 Portionen – 45 Minuten Zubereitungszeit

Für 4 Portionen:

2 Dosen schwarze Bohnen – abgetropft und gespült

½ Zwiebel – gehackt

2 Knoblauchzehen - gehackt

1 Ei

100ml + 2 EL Mayonnaise

70g Panko Paniermehl

Salz und Pfeffer

2 EL Rapsöl

4 Scheiben weißen Cheddars

3 EL Ketchup

4 Burgerbrötchen

1 Tomate – in Scheiben geschnitten

4 Römersalatblätter

1 In einem Mixer schwarze Bohnen, die Zwiebel und den Knoblauch zerkleinern, bis sie fein gehackt sind.

2 Dann in eine große Schüssel geben und mit Ei, 2 Esslöffeln Mayonnaise und Paniermehl vermischen. Großzügig mit Salz und Pfeffer würzen und die Mischung zu 4 Patties formen. Etwa 15 Minuten lang in den Kühlschrank stellen, bis sie fest sind.

3 In einer großen Pfanne bei mittlerer Hitze öl erwärmen. Patties dazugeben und ca. 5 Minuten pro Seite durchbraten, bis sie goldgelb sind. Sie können es selbstverständlich auch auf dem Grill versuchen, der Erfahrung nach, ist eine Pfanne aber geeigneter in diesem Fall. Beachten Sie ansonsten die Tipps aus der Einleitung dieses Buches.

4 Jeden Patty mit einer Käsescheibe belegen und zum Schmelzen in die Pfanne legen. Auf dem Grill für diesen Schritt indirekte Hitze nutzen und bei der Pfanne den Deckel verwenden.

5 In einer kleinen Schüssel Ketchup und die restliche Mayonnaise verquirlen. Die Mischung auf die unteren Brötchenhälften verteilen, dann die Patties darauflegen. Mit Tomaten, Salat und den oberen Brötchenhälften belegen. Fertig!

Rauchige Pilz-Tacos

4 Portionen – 20 Minuten Zubereitungszeit (+ Marinierzeit)

1 Den Grill anheizen. In einer flachen Schüssel die BBQ-Soße und das Bier vermischen und beiseitestellen. Legen Sie die Zwiebel in eine Schüssel mit kaltem Wasser und lassen Sie sie einweichen.

2 Bepinseln Sie die Pilze mit dem Öl und legen Sie sie auf den Grill. Nehmen Sie sich ein Werkzeug zur Hand, mit dem Sie die Pilze beim Grillen flach drücken können. Grillen Sie sie von beiden Seiten unter Verwendung des gewählten Werkzeugs, bis sie fast durchgebraten sind. Würzen Sie die Pilze nach Ihrem Geschmack.

3 Die Pilze in die BBQ-Bier-Mischung geben und wenden, um sie zu ummanteln. 15 bis 20 Minuten einziehen lassen, bis sie abgekühlt sind. Bepinseln Sie den Grill mit ein wenig Öl und grillen Sie die Pilze nochmal 2 Minuten auf jeder Seite, bis sie schön braun und lecker aussehen.

4 Wärmen Sie in der Zwischenzeit die Taco-Schalen 2 Minuten lang auf dem Grill auf. Die Avocado mit dem Limettensaft, Chili und einer Prise Salz pürieren oder mit einer Gabel zu einer groben Paste zerdrücken.

5 Die Pilze in Streifen schneiden und auf die Tacos verteilen. Mit Zwiebeln. Kopfsalat, Jalapeños und Koriander belegen. Mit der Express-Guacamole und einem Spritzer der Grillmarinade servieren.

Für 4 Portionen:

250ml Texas BBQ Soße

150ml veganes IPA

½ rote Zwiebel – in dünne Scheiben geschnitten

1 EL Pflanzenöl

300g Portobello Pilze – Stängel entfernt

1 TL Paprikapulver – rosenscharf

1 TL Kreuzkümmel – gemahlen

8 knusprige Taco-Schalen

4 Eisbergsalatblätter – zerkleinert

1 Hand voll geschnittene, in Salzlake eingelegte Jalapeños

1 Hand voll frischer Koriander – grob gehackt

Für die Express-Guacamole:

1 Avocado – nur Fruchtfleisch

Saft einer Limette

½ rote Chili – Samen entfernt und fein gewürfelt

Miso-Ahorn-Tofu-Spieße

5 Portionen – 40 Minuten Zubereitungszeit

Für 5 Portionen:

3 EL Ahornsirup

2 EL Miso-Paste

1 EL Reisessig

20 Rosenkohlsprossen

10 Radieschen

230g Shiitake Pilze

350g fester Tofu

1 orange Paprika

1 EL Sesamöl

10 Holz- oder Metallspieße

1. Grill auf mittlerer Hitze anheizen. Wenn Holzspieße verwendet werden, weichen Sie diese 20 Minuten lang in warmem Wasser auf.

2. Ahornsirup mit Miso-Paste und Reisessig in einer kleinen Schüssel cremig rühren und gut vermischen.

3. Rosenkohl und Radieschen, halbiert, in einem großen Topf mit Wasser kochen, bis sie leicht weich sind. Dann 3 Minuten lang gut abtropfen lassen. Die Stiele der Shiitake Pilze entfernen und wegwerfen. Tupfen Sie den Tofu trocken und schneiden Sie ihn in 2,5cm- Würfel. Die Paprika in ähnlich große Stücke schneiden. Rosenkohl, Radieschen, Pilze, Tofu und Paprika auf die Spieße stecken. Mit Sesamöl bepinseln.

4. Grillspieße alle zwei Minuten wenden, bis sich rundum Grillspuren bilden und das Gemüse durchgegart ist. Vor dem Servieren mit Miso-Ahorn-Soße bestreichen.

Fajitas mit gegrillten Portobello Pilzen

4 Portionen – 30 Minuten Zubereitungszeit

Für 4 Portionen:

3 EL Rapsöl

12 große Portobello Pilze – Stiele und Lamellen entfernt

2 orange Paprikas – grob gehackt

100g frischer Koriander – gehackt

1 Knoblauchzehe – gehackt

2 EL Honig

1 TL Salz

8 kleine Weizen-Tortillas (Wraps)

2 EL weißer Balsamico-Essig

2 Avocados – nur das Fruchtfleisch, geschnitten

100g Fetakäse – zerbröselt

1 Den Grill auf mittlerer Hitze anheizen.

2 Einen Esslöffel Rapsöl beidseitig über die Pilze streichen.

3 Paprikas, restliche 2 Esslöffel Rapsöl, Koriander, Knoblauch, Honig und Salz in einer Schüssel gründlich vermischen.

4 Grillen Sie die Pilze 4 bis 5 Minuten pro Seite bei indirekter Hitze und geschlossenem Deckel (wenn möglich), bis sie weich sind. Die Tortillas während der letzten zwei Minuten dazu legen und leicht rösten. Die gegrillten Pilze auf ein Schneidebrett legen und mit weißem Balsamico-Essig bestreichen. Die Pilze in dicke Scheiben schneiden und auf die Tortillas verteilen. Dann mit Salsa aus Schritt 3, den geschnittenen Avocados und dem Feta belegen.

5 Einrollen und genießen.

Gegrillte Gemüse-Pizza

2 Portionen – 10 Minuten Zubereitungszeit

Für 2 Portionen:

2 reife, feste Pflaumentomaten

1 kleine Zucchini

2 Zwiebeln - geschält

1 großzügige Prise Salz

Pfeffer

Etwas Basilikum – getrocknet

1 großes Naab-Brot oder griechisches Fladenbrot

100g Ziegenkäse oder Fetakäse – zerbröselt

Etwas Öl

1 Den Grill leicht einölen und auf mittlerer Hitze anheizen. Tomaten in dicke Scheiben schneiden. Zucchini schräg in lange Ovale schneiden. Zusammen mit ganzen Zwiebeln in eine große Schüssel geben. Mit gerade so viel Öl beträufeln, dass sie bedeckt sind und dann mit Gewürzen bestreuen. Das Brot ebenfalls mit Öl bestreichen.

2 Legen Sie das Gemüse auf den Grill und grillen Sie es, bis es weich in leicht braun ist (ca. 2 bis 5 Minuten pro Seite). Nehmen Sie es herunter, sobald es gar ist.

3 Dann legen Sie das Brot bei geschlossenem Deckel (wenn möglich) auf den Grill. So lange, bis sich Grillspuren bilden. Das dauert i.d.R. 1 bis 2 Minuten pro Seite. Den Ziegen- oder Fetakäse über dem heißen Brot zerbröseln, dann die Tomaten und die Zucchini darauf anrichten. Jetzt die Zwiebeln in Scheiben schneiden und auf der Pizza verteilen.

Spargel und Halloumi mit Minze und Zitrone

4 Portionen – 20 Minuten Zubereitungszeit

1 Den Spargel blanchieren, bis er hellgrün und gerade weich ist (30 bis 60 Sekunden), dann mit saufähigem Papier trocken tupfen.

2 Halloumi in 1 cm dicke Scheiben schneiden, dann jede Scheibe der Länge nach halbieren, um ein Stück von etwa der gleichen Größe, wie der Spargel zu erhalten. Spargel und Halloumi abwechselnd auf Bambus- oder Metallspieße fädeln und beiseitelegen.

3 Erhitzen Sie den Grill auf mittlerer bis hoher Hitze. Spargel und Halloumi, sowie den Grill mit Olivenöl bepinseln. Grillen Sie die Spieße bei gelegentlichem Wenden, bis der Halloumi goldgelb und der Spargel zart ist (3 bis 4 Minuten). Mit Chili, getrockneter Minze und frischer Minze bestreuen, mit Öl beträufeln und mit Zitronenspalten servieren.

Für 4 Portionen:

24 Stangen grüner Spargel – Enden beschnitten, auf 8cm Länge geschnitten

500g Halloumi

Etwas natives Olivenöl extra

½ TL Chili-Flocken

½ TL Minze – getrocknet

1 Zitrone – in Spalten (Keile, Wedges, Achtel) geschnitten; zum Servieren

Etwas mehr frische Minze – zum Servieren

Spieße

Shiitake Pilze mit Umami-Butter

8 Portionen – 20 Minuten Zubereitungszeit

Für 8 Portionen:

8 große oder 16 kleine Shiitake Pilze

Traubenkernöl oder Olivenöl – zum Bestreichen

Etwas Salz

Für die Umami-Butter:

40g ungesalzene Butter – vorher etwas aufweichen lassen

3g Konbu (getrockneter Seetang) – gemahlen

¼ Shiitake Pilz – getrocknet und gemahlen

1 TL geröstete Sesamkörner

¼ TL Fischsoße

¼ TL Zitronenschale – fein gerieben

¼ TL weiße Miso-Paste

1 Den Grill anheizen.

2 **Für die Umami-Butter:** Geben Sie die Butter in eine Schüssel mit ¾ TL gemahlenem Konbu, ¼ TL gemahlenem Shiitake (es kann noch etwas übrigbleiben) und den restlichen Zutaten. Anschließend gut verrühren und vermischen.

3 Die Pilzstiele entfernen. Dann die Pilze mit Öl bepinseln, mit Salz würzen und bei starker Hitze grillen. Gelegentlich wenden, bis sie goldbraun und zart sind (ca. 4 bis 6 Minuten).

4 Zum Servieren, die heißen Pilze auf einem Teller, mit der Lamellenseite nach oben, anrichten und mit je einem Teelöffel der Umami-Butter bestreichen.

Burrata mit gegrillter Aubergine

6-8 Portionen – 45 Minuten Zubereitungszeit (+ Abkühlzeit)

1 Ofen auf 150° Celsius vorheizen. Auberginenscheiben leicht salzen, in einem Sieb übereinander stapeln, mit etwas Schwerem beschweren und beiseitestellen, um überschüssige Feuchtigkeit zu entziehen (25 bis 30 Minuten).

2 Für das Pangrattato, Sauerteig mit zwei Esslöffeln Olivenöl und Knoblauch schwenken, abschmecken, auf einem Backblech verteilen und goldgelb rösten (ca. 15 Minuten im Ofen bei 150° Celsius). Zum Abkühlen beiseitestellen (10 bis 12 Minuten), dann mit einem Mörser und Stößel zum Semmelbröseln verarbeiten.

3 Grill auf hohe Hitze anheizen. Mischen Sie 80ml Öl, die Hälfte der getrockneten Chili-Flocken und die Hälfte des Oreganos in einer Schüssel. Auberginenscheiben mit Papiertüchern trocken tupfen, mit der Ölmischung bestreichen und portionsweise grillen, bis weich und schön braun sind (4 bis 6 Minuten). Vom Grill nehmen, in eine große Schale geben und mit Rotweinessig und restlichem getrocknetem Chili und Oregano beträufeln/bestreuen. Mit Frischhaltefolie abdecken und beiseitelegen, damit sich die Aromen entfalten können (10 bis 15 Minuten).

4 Burrata und Aubergine auf einem Teller anrichten, mit Pangrattato bestreuen, mit Olivenöl beträufeln, mit Basilikum bestreuen und gut würzen.

Für 6-8 Portionen:

2 Auberginen –
in 5mm bis 8mm dicke
Scheiben geschnitten

80g abgestandener Sauerteig
ohne Kruste – grob gewürfelt

140ml natives Olivenöl extra

2 Knoblauchzehen – gehackt

2 TL Chili-Flocken – getrocknet

2 TL Oregano – getrocknet

2 EL Rotweinessig

4 Kugeln Burrata (etwa 125g
pro Stück)

15g Basilikum – ganze Blätter

Portobello Burger

4 Portionen – 20 Minuten Zubereitungszeit

Für 4 Portionen:

4 Portobello Pilze – gewaschen und Stiele entfernt

55ml Olivenöl

Salz und Pfeffer

55ml Mayonnaise

1 EL Pesto (ggf. prüfen, ob es vegetarisch ist)

2 TL grobkörniger Senf

4 Burgerbrötchen – getoastet oder kurz auf den Grill gelegt

225g Rucola

340g geröstete Paprika aus dem Glas

1 Den Grill anheizen. Die Pilzkappen mit Olivenöl bepinseln und gleichmäßig mit Salz und Pfeffer bestreuen. Die Pilze mit der glatten Seite nach unten, zugedeckt mit einem Grilldeckel, 6 bis 8 Minuten garen, bis sie weich sind.

2 Mischen Sie in einer kleinen Schüssel Mayonnaise, Pesto, Senf, ¼ Teelöffel Salz und ¼ Teelöffel Pfeffer. Verteilen Sie die Mischung gleichmäßig auf den geschnittenen Seiten der Brötchen. Die Rucolablätter auf die unteren Brötchenhälften verteilen. Gleichmäßig mit der Paprika belegen. Die Pilzkappen über die Paprikas legen. Abschließend mit den Oberteilen der Brötchen bedecken. Guten Appetit!

Wraps mit Hummus und gegrilltem Gemüse

4 Portionen – 25 Minuten Zubereitungszeit

1 Heizen Sie den Grill auf mittlerer Hitze vor. Beide Seiten der Zucchinistreifen mit Öl bestreichen und mit Salz und Pfeffer würzen. Grillen, bis sie weich und leicht gebräunt sind (etwa 4 Minuten pro Seite)

2 Legen Sie die Wraps (Tortillas) auf eine flache Oberfläche und streichen Sie jeweils 4 Esslöffel Hummus darauf. Dann mit je einem Esslöffel Pinienkernen bestreuen. Legen Sie drei Streifen Zucchini, jeweils ein Viertel des Spinats, zweite Stücke der roten Paprika und einige Zwiebelscheiben darauf.

3 Abschließend mit je einem Esslöffel Minze bestreuen, zusammenrollen und mittig, diagonal teilen. Fertig!

Für 4 Portionen:

2 mittelgroße Zucchini – der Länge nach in 5mm dicke Streifen geschnitten

2 TL Olivenöl

Salz und Pfeffer

4 Vollkornwraps (Tortillas) – ungefähr 23cm Durchmesser

250g Hummus

25g Pinienkerne – geröstet

55g Babyspinatblätter

1 mittelgroße rote Paprika – Samen entfernt und in dünne Scheiben geschnitten

50g rote Zwiebeln – geschält, halbiert und in dünne Scheiben geschnitten

25g frische Minzblätter – dünn geschnitten

Vegetarische Tandoori-Spieße

4 Portionen – 40 Minuten Zubereitungszeit (+ Marinierzeit)

Für 4 Portionen:

225g Panir-Käse –
in 3x3cm-Würfel geschnitten

150g gebratener Tofu –
in 3x3cm-Würfel geschnitten

150g Maniok (oder Kartoffel) – geschält, in 1x1cm-Würfel geschnitten, durchgekocht

100g kleine Pilze – gewaschen

Für die Tandoori-Paste:

1 TL Koriandersamen

6 Körner schwarzen Pfeffers

2 getrocknete Kashmiri Chilis

2 TL feines Maismehl

2,5cm Kassia-Rinde (Zimt)

1 ½ TL Kreuzkümmelsamen

2 TL Tomatenmark

30g Naturjoghurt

1 Knoblauchzehe – gehackt

Etwas Salz, Zucker, Zitronensaft und Ingwer zum Würzen

Holz- oder Metallspieße

1. **Für die Tandoori-Paste:** Koriandersamen, Pfefferkörner, Kashmiri Chilis, Kassia-Rinde, Kreuzkümmel und Maismehl in einer trockenen Pfanne vermischen. (Bei Bedarf kann auch noch mit Nelken und/oder Sternanis gewürzt werden)

2. Die Gewürze bei niedriger Hitze und ständiger Bewegung sanft rösten (3 bis 5 Minuten). Nicht anbrennen lassen!

3. Die gerösteten Gewürze im Mörser mit dem Stößel zermahlen oder in einen kleinen Mixer geben und zu einem feinen Pulver verarbeiten.

4. Tomatenmark, Zucker, Salz, Zitronensaft, Knoblauch, Joghurt und Ingwer hinzufügen und nochmals cremig mixen. Bei Bedarf 3 bis 5 Esslöffel Wasser hinzufügen.

5. Salzwasser in einem Topf zum Kochen bringen und die Panir- und Tofuwürfel hinzufügen. 4 Minuten sanft köcheln lassen und abtropfen. Dadurch nehmen sie die Aromen der Paste leichter auf.

6. Panir und Tofu, sowie Maniok (oder Kartoffeln) und Pilze mit der Tandoori-Paste vorsichtig vermischen. Je nach Zeitdruck 1 bis 24 Stunden in den Kühlschrank stellen.

7. Die Zutaten auf die Spieße stecken und auf den angeheizten Grill legen. Unter gelegentlichem Drehen, grillen, bis köstlich gebräunt aussehen und Grillspuren aufweisen. Holzspieße vorher 20 Minuten in Wasser einweichen.

Würziger Burger mit Bohnen-Patty

4 Portionen – 60 Minuten Zubereitungszeit

1 Geben Sie 30ml des Olivenöls in eine Bratpfanne bei mittlerer Hitze und fügen Sie die Zwiebelwürfel, Paprika, Knoblauch und Artischocken hinzu. Kurz anbraten, bis sie glasig sind. Herausnehmen und abkühlen lassen.

2 Das Gemüse zu den Bohnen und Kichererbsen geben und gründlich mischen. Alle trockenen Zutaten und das Ei hinzufügen. Alle Zutaten gründlich vermischen und zu 4 Patties formen. Zugedeckt 30 Minuten in den Kühlschrank stellen.

3 Die Patties auf dem vorgeheizten Grill durchbraten, bis sie sich verfärben und außen leicht knusprig sind. Eventuell wollen Sie sich im in der Einleitung erwähnt ein Stück Alu-Folie als Pfannenersatz auf dem Grill auslegen und die Patties zusammen mit den restlichen 30ml Öl darauf Braten. Alternativ können Sie sich selbstverständlich auch eine Pfanne benutzen.

4 Die Burgerbrötchen ebenfalls kurz auf den Grill legen und leicht rösten. Dann die Burger nach eigenem Belieben mit Soßen, Gemüse und den Patties belegen. Guten Appetit!

Für 4 Portionen:

60ml Olivenöl

3 EL rote Zwiebel – fein gewürfelt

2 EL rote Paprika – fein gewürfelt

1 TL Jalapeño – fein gewürfelt

1 ½ EL Knoblauch – fein gewürfelt

1 EL Artischocke – fein gewürfelt

110g schwarze Bohnen aus der Dose – abgetropft

110g Kichererbsen aus der Dose – abgetropft

225g Haferflocken

½ TL ungarische Paprika

1 Ei

4 Burgerbrötchen

Diverses frisches Gemüse zum Belegen der Burger (z.B. Tomate, Salat, Gurke, uvm.)

Sandwiches mit Ziegenkäse und gegrilltem Gemüse

4 Portionen – 20 Minuten Zubereitungszeit

Für 4 Portionen:

120ml Olivenöl

2 Knoblauchzehen – gehackt

150g getrocknete Tomaten – in Öl eingelegt, abgetropft und fein gehackt

1 kleine Hand voll frische Basilikumblätter – gehackt

1 EL frische Estragonblätter – gehackt

1 EL frische Thymianblätter – gehackt

4 Hände voll Babyspinatblätter

½ TL Salz

½ TL schwarzer Pfeffer – gemahlen

2 Zucchini

2 kleine Auberginen

4 kleine Baguettes

Ziegenkäse zum Belegen der Baguettes

1 Heizen Sie zunächst den Grill vor. Dann entfernen Sie die Enden der Zucchini und Auberginen und schneiden Sie in 5mm dicke Streifen.

2 Mischen Sie in einer kleinen Schüssel das Olivenöl, den Knoblauch, die getrockneten Tomaten, Basilikum, Estragon, Thymian, Salz und Pfeffer. Geben Sie 2 Esslöffel der Mischung in eine andere kleine Schale. Dann die Zucchini- und Auberginenstreifen darin wenden, bis sie von allen Seiten bedeckt sind.

3 Legen Sie das Gemüse auf den Grill und braten Sie es 3 bis 4 Minuten auf jeder Seite, bis es weich ist und schöne Grillspuren aufweist.

4 Während das Gemüse auf dem Grill liegt, verteilen Sie die Olivenölmischung (aus der kleinen Schale) auf die Baguettehälften. Streichen Sie den Ziegenkäse über die Olivenölmischung.

5 Legen Sie das gebratene Gemüse auf die unteren Hälften der Baguettes. Darüber die Spinatblätter und abschließend die oberen Baguettehälften.

6 Sofort servieren oder in Frischhaltefolie wickeln und bis zu zwei Stunden im Kühlschrank aufbewahren.

Würzige Sloppy Joes

6 Portionen – 40 Minuten Zubereitungszeit

1 Die Champignons in einem Mixer zerkleinern, bis sie fein gehackt sind. Dann beiseitestellen.

2 Erhitzen Sie das Öl in einer großen Pfanne bei mittlerer bis hoher Hitze. Die Zwiebeln, 1 Esslöffel Bier und ¼ Teelöffel Salz hinzufügen unter häufigem Rühren ca. 5 Minuten braten lassen, bis die Zwiebeln leicht gebräunt sind. Walnüsse und Paprika hinzufügen und unter gelegentlichem Rühren ca. 3 Minuten kochen lassen, bis die Paprika knusprig-zart ist. Die Champignons, ¾ Teelöffel schwarzen Pfeffers und Chipotle-Chili Pulver hinzufügen und unter häufigem Rühren weiter brutzeln lassen, bis die Champignons gerade durchgekocht sind (ca. 5 Minuten).

3 Das restliche Bier, den Ketchup, das Tomatenmark und 1/8 Teelöffel Salz hinzufügen und weiter rühren und kochen, bis die Soße die gewünschte Konsistenz hat (etwa 2 Minuten).

4 Löffeln Sie die Mischung auf jedes Brötchen. Nach Wunsch mit zusätzlichem Belag servieren.

Für 6 Portionen:

450g kleine Champignons

1 EL natives Olivenöl extra

1 große Zwiebel – gewürfelt

420ml helles Bier

40g Walnüsse – fein gehackt

1 kleine grüne Paprika – Samen entfernt, gewürfelt

Salz und Pfeffer

½ Chipotle-Chili Pulver

60ml Ketchup

3 EL Tomatenmark

6 Vollkorn Burgerbrötchen

Gefüllte Avocados vom Grill

4 Portionen – 35 Minuten Zubereitungszeit

Für 4 Portionen:

370g Kichererbsen
aus der Dose –
abgetropft und gespült

3 EL Traubenkernöl

½ TL geräucherte Paprika –
Pulver, Gewürz

2 große Avocados –
halbiert und entkernt

½ Gurke – gewürfelt

100g Kirschtomaten –
geviertelt

1 ½ EL Zitronensaft –
ein bisschen zum Servieren

2 TL Tahin

Etwas Koriander zum Garnieren

Salz und Pfeffer

Grillkorb

1 Heizen Sie Ihren Grill auf mittlere bis hohe Hitze vor.

2 Legen Sie die Kichererbsen in eine kleine Schüssel und ziehen Sie die papierartige Schale ab, die sich beim Trocknen der Kichererbsen gelöst hat. Geben Sie 1 EL Traubenkernöl hinzu und vermischen Sie sie dann mit dem geräucherten Paprika-Pulver und einer großzügigen Ladung Salz und Pfeffer.

3 Legen Sie die Kichererbsen gleichmäßig und flach auf den Boden eines Grillkorbs. Auf den Grill legen und 10 Minuten garen lassen. Dann die Kichererbsen erneut mit einem Esslöffel Traubenkernöl ummanteln. Weitere 10 bis 12 Minuten auf dem Grill lassen, bis sie leicht braun und knusprig sind.

4 Löffeln Sie die Mitte der Avocados etwas weiter aus. Bestreichen Sie die Avocados mit dem restlichen Traubenkernöl und würzen Sie sie mit Salz und Pfeffer. Mit der Schnittseite nach unten auf den Grill legen und ca. 5 Minuten warten, bis sich schöne Grillspuren bilden.

5 Währenddessen mischen Sie Gurken, Tomaten, etwas Salz und Pfeffer in einer kleinen Schale.

6 Die Mulden in der Mitte der Avocados mit der Mischung aus Schritt 5 füllen. Mit 1 EL knuspriger Kichererbsen bestreuen und mit ½ EL Tahin beträufeln. Mit dem Koriander garnieren und die restlichen Kichererbsen nebenher als Snack servieren.

Mexikanisches Sandwich

4 Portionen – 40 Minuten Zubereitungszeit

1. Grill auf hohe Hitze anheizen. (Alternativ geht auch eine Grillpfanne)

2. Paprika der Länge nach halbieren; Samen wegwerfen. Paprikahälften mit der Außenseite nach oben auf ein mit Backpapier ausgelegtes Backblech legen und flachdrücken. 11 Minuten oder bis sie gebräunt sind braten. Paprikahälften in Folie wickeln und 5 Minuten stehen lassen. Danach schälen und in Streifen schneiden.

3. Geben Sie Limettensaft, Oregano, Öl, Kreuzkümmel, ¼ Teelöffel schwarzen Pfeffer, gemahlenen roten Pfeffer und Bohnen in einen Mixer, bis die Gewürze/Kräuter grob gehackt sind.

4. Zucchini- und Zwiebelscheiben auf Grillplatte anrichten und 5 Minuten auf jeder Seite grillen.

5. Obere und untere Brothälften aushöhlen, sodass eine 2cm hohe Schale zurückbleibt. Bohnenmischung aus Schritt 3 auf die untere Hälfte des Brotlaibs streichen; darüber mit Zucchini, Zwiebel und Paprika belegen. Mit dem restlichen schwarzen Pfeffer, Salz und Käse bestreuen und belegen. Mit der oberen Hälfte des Brotes bedecken. Beide Seiten des Sandwiches mit etwas Öl bestreichen und auf den Grill legen. Beschweren Sie es mit einem schweren Gegenstand. Auf beiden Seiten ca. 3 Minuten grillen, bis der Käse schmilzt. Sandwich vom Grill nehmen und diagonal in vier gleichgroße Teile schneiden.

Für 4 Portionen:

1 große Paprika

2 EL frischer Limettensaft

1 EL frischer Oregano – gehackt

1 EL Olivenöl

½ TL Kreuzkümmel – gemahlen

½ TL schwarzer Pfeffer – gemahlen

¼ TL roter Pfeffer – gemahlen

400g Dose schwarze Bohnen – ungesalzen

1 große Zucchini – der Länge nach in 5mm dicke Streifen geschnitten

1 kleine rote Zwiebel – in 5mm dicke Scheiben geschnitten

1 Ciabatta Brotlaib (ca. 340g) – horizontal halbiert

¼ TL Salz

50g Pepperjack-Käse

Pitas mit Hummus und gelber Beete

2 Portionen – 20 Minuten Zubereitungszeit

Für 2 Portionen:

4 bis 5 große gelbe Beeten

1 EL Olivenöl

1/8 TL Salz

120g Hummus

2 Pitas (hohl)

Salat Ihrer Wahl

1 Den Grill anheizen.

2 Gelbe Beete gut waschen und vorsichtig in 5mm dicke Scheiben schneiden. Mit Olivenöl und Salz würzen. Dann auf dem Grill verteilen auf jeder Seite 3 bis 5 Minuten grillen (je nach Hitze des Grills häufiger kontrollieren).

3 Um die Pitas zusammenzusetzen, halbieren und 1 bis 2 Esslöffel Hummus in jede Fladenbrottasche streichen. Salat und gegrillte Beete hineinlegen. Guten Appetit!

Mexikanischer Kichererbsen-Burger

4 Portionen – 40 Minuten Zubereitungszeit

1 Für die Patties, die Kichererbsen, das Ei und reichliche Gewürze in einen Mixer geben und cremig mixen. Die Mischung in eine große Schüssel schaben und Linsen, Semmelbrösel, Frühlingszwiebeln, Chili, Limettenschale und Koriander unterrühren und vermischen. Die Mischung zu vier Patties formen.

2 Entweder Alu-Folie auf dem Grill oder eine Pfanne benutzen. Die Patties mit etwas Öl ca. 5 Minuten pro Seite braten, bis goldbraun und durchgehend heiß sind.

3 Die unteren Hälften der Burgerbrötchen mit Soßen und Salat Ihrer Wahl belegen, die Patties darüber (optional Käse), nochmal Soße, die Tomaten und die oberen Hälften oben drauf. Guten Appetit!

Für 4 Portionen:

400g Kichererbsen aus der Dose – abgetropft und gespült

1 Ei

400g Linsen aus der Dose – abgetropft und gespült

75g frische weiße Semmelbrösel

4 Frühlingszwiebeln – fein geschnitten

1 grüne Chilischote – Samen entfernt und fein gehackt

2 Tomaten – fein gehackt

1 kleine Hand voll frischer Koriander – fein gehackt

Schale einer Limette – gerieben

4 Burgerbrötchen

Salat und Soße Ihrer Wahl zum Belegen

Hotdogs mit gegrillten Karotten

4 Portionen – 40 Minuten Zubereitungszeit

Für 4 Portionen:

8 Karotten –
geschält und gewaschen

2 EL Ahornsirup

2 EL Sojasoße

1 EL Adobo-Soße aus einer Dose Chipotle-Chilis in Adobo-Soße

½ TL Honig

½ TL Salz

¼ TL schwarzer Pfeffer – gemahlen

180ml Mayonnaise

60ml Limettensaft

½ kleine rote Zwiebel

½ kleiner Kopf Wirsingkohl – dünn geschnitten

400g weiße Bohnen aus der Dose – abgetropft und gespült

15g grob gehackter Koriander + 3 EL ganz Korianderblätter

Pflanzenöl für den Grill

4 Hotdogbrötchen

2 EL Erdnüsse

1 Karotten, Ahornsirup, Sojasoße, Adobo-Soße und 240ml Wasser in einen tiefen, großen Topf geben und zugedeckt bei mittlerer Hitze 10 Minuten köcheln lassen. Abdecken, auf niedrige Hitze zu reduzieren und weiterkochen, dabei den Topf gelegentlich schaukeln, bis die Flüssigkeit vollständig reduziert ist und die Möhren mit Glasur überzogen sind.

2 In der Zwischenzeit Honig, Salz, Pfeffer, 120ml Mayonnaise und 3 Esslöffel Limettensaft in einer großen Schüssel cremig rühren. Die Hälfte der Zwiebel in dünne Scheiben schneiden. Zwiebel, Wirsingkohl, Bohnen und 15g Koriander in die Schüssel geben und vermischen.

3 Bereiten Sie den Grill vor und bringen Sie ihn auf mittlere Hitze. Alternativ können Sie auch eine Bratpfanne bei mittlerer Stufe erhitzen. Rost oder Pfanne einölen. Möhren mit einmaligem Wenden grillen/braten, bis sie braun sind und Grillspuren aufweisen (ca. 2 Minuten pro Seite). Die fertigen Möhren beiseitestellen und die Bötchen etwa 30 Sekunden lang „rösten“, bis sie goldbraun sind. Dann ebenfalls beiseitelegen.

4 Die restliche Hälfte der Zwiebel fein hacken. 60ml Mayonnaise und 1 EL Limettensaft in einer kleinen Schüssel vermengen.

5 2 Möhren in jedes Bötchen legen, mit der Mayonnaise-Mischung bedecken und mit gehackter Zwiebel, Erdnüssen und Koriander-blättern belegen. Mit Kohlsalat aus Schritt 2 servieren.

Desserts

Gegrillte Ananas mit Chili und Ananas-Granita

6-8 Portionen – 30 Minuten Zubereitungszeit (+ Wartezeit)

Für 6-8 Portionen:

4 Mulato-Chilis

2 EL Honig

1 Ananas – geschält, halbiert und in Spalten (Wedges, Keile) geschnitten

60ml Wasser

Für die Granita:

55g Streuzucker

750ml Ananassaft

Saft von 2 Limetten

38g flüssige Glucose

1 **Für die Granita:** Die Zutaten in einem Topf bei mittlerer Hitze vermischen und kochen, bis sich der Zucker auflöst (ca. 5 Minuten). Auf ein Tablett oder Ähnliches geben und einfrieren, bis die Mischung fest ist (mind. 4 Stunden), dann mit einer Gabel abkratzen, um Eiskristalle zu erhalten. Bis zum Servieren wieder einfrieren.

2 Chilis, Honig und 60ml Wasser in einem Topf bei schwacher Hitze mischen, bis der Honig schmilzt (2 bis 5 Minuten). Vom Herd nehmen und 10 Minuten ziehen lassen.

3 Heizen Sie den Grill auf hohe Temperatur an. Ananas mit der Honigmischung bestreichen und unter gelegentlichem Wenden grillen, bis sie goldbraun und zart ist (2 bis 3 Minuten pro Seite). Mit Granita servieren.

Wassermelonen-Minz-Sorbet

6 Portionen – ca. 240 Minuten Zubereitungszeit

1 Zucker, Rum, Limettensaft und Wassermelonenstücke in einen Mixer geben und vermischen.

2 Anschließend, die Minze in den Mixer geben und nochmals gut durchrühren.

3 Danach die Menge für 30 Minuten in den Kühlschrank stellen.

4 Gießen Sie die Mischung in Ihre Eismaschine und verarbeiteten Sie sie nach den Anweisungen des Herstellers.

5 Schlussendlich in einen luftdichten Behälter umfüllen und einige Stunden einfrieren und servieren. Das Sorbet gefriert hart, wenn es länger als ein paar Stunden im Gefrierfachbleibt. Stellen Sie es dann einfach 20 Minuten oder bis es schöpfbar ist, raus.

Für 6 Portionen:

1800g Wassermelone – entkernt und in Stücke geschnitten

1 EL + 1 TL Rohrzucker

Saft von drei Limetten

3 EL weißer Rum

1 Prise Meersalz

1 EL + 1 TL Minze – gehackt

Eismaschine benötigt!

Süß-scharf gerillte Wassermelone

10 Portionen – 40 Minuten Zubereitungszeit

Für 10 Portionen:

1 Wassermelone (ca. 2kg) – entkernt

2 Zitronen

¾ TL Salz

1 TL Chili-Pulver

1 Den Grill auf ca. 260° Celsius vorheizen.

2 Wassermelone in 5 (ca. 4cm dicke) Scheiben schneiden. Schneiden Sie jede Scheibe nochmal in Viertel, um 20 Stücke zu erhalten. 2 Esslöffel Zitronenschale von den Zitronen und reiben und beiseitelegen. Die Zitronen dann in ca. 1cm dicke Scheiben schneiden.

3 Wassermelonenviertel und Zitronenscheiben auf den Grillrost legen, 1 Minute auf jeder Seite grillen (oder bis sich schöne Grillstreifen bilden). Legen Sie die Wassermelone auf eine Servierplatte. Anschließend den Saft aus einige gegrillte Zitronen über der Wassermelone auspressen und die restlichen Zitronenscheiben ebenfalls auf die Platte legen. Dann alles gleichmäßig mit Salz, Chili-Pulver und Zitronenschale bestreuen.

Gegrillte Süßkartoffeln mit Kirschsalsa

4 Portionen – 30 Minuten Zubereitungszeit

1 Die Süßkartoffeln vorkochen.

2 Bedecken Sie die gekochten Süßkartoffeln mit Olivenöl, Limettenschale und -saft, Salz, Pfeffer, Chipotle-Pulver, Chili-Flocken und gemahlenem Kreuzkümmel. Danach beiseitestellen.

3 Für die Kirschsalsa: Die entkernten Kirschen grob hacken und in eine mittelgroße Schüssel geben. Die in Scheiben geschnittenen Frühlingszwiebeln und den geriebenen Ingwer miteinander vermischen. Bei Bedarf etwas Limettensaft, -schale und gemahlenen Pfeffer hinzufügen, um der Salsa noch mehr Geschmack zu verleihen.

4 Erhitzen Sie Ihren Grill oder Ihre Grillpfanne auf mittlere bis hohe Temperaturen. Legen Sie die marinierten Süßkartoffelwedges mit der geschnittenen Seite nach oben auf den Grill. Nach etwa 2 bis 3 Minuten, die Wedges umdrehen. Die andere Seite weitere 2 Minuten grillen und die Süßkartoffeln herunternehmen.

5 Anschließend zusammen mit der Salsa servieren.

Für 4 Portionen:

Für die Süßkartoffeln:

3 kleine bis mittelgroße Süßkartoffeln – in Spalten (Wedges, Keile) geschnitten

1 ½ EL Olivenöl

Saft einer Limette

Schale einer Limette – gerieben

1 TL Kreuzkümmel – gemahlen

½ TL Chipotle-Pulver – gemahlen

1 Prise Chili-Flocken

1 Prise Salz

1 Prise schwarzer Pfeffer

Für die Kirschsalsa:

230g Süßkirschen – entkernt und Stiele entfernt

3 Frühlingszwiebeln – fein geschnitten

Etwa 1cm Ingwerknolle – geschält und gerieben

Gegrillte Ahorn-Butter-Aprikosen mit Vanilleeis

4 Portionen – 20 Minuten Zubereitungszeit

Für 4 Portionen:

3 EL Ahornsirup

3 EL Butter – ungesalzen

1 TL Vanilleextrakt

¼ TL Salz

6 Aprikosen – entkernt und halbiert

Vanilleeis – zum Servieren

1 Bereiten Sie einen Grill für mittlere, direkte Hitze vor. (Vorzugsweise mit Holzkohle)

2 Ahornsirup, Butter, Vanilleextrakt und Salz in einer kleinen Pfanne bei schwacher Hitze unter gelegentlichem Rühren erwärmen, bis die Butter geschmolzen ist.

3 Aprikosen mit der Schnittfläche nach unten, für etwa 8 bis 10 Minuten grillen, bis goldbraun und zart sind. Währenddessen mit der Mischung aus Schritt 2 bestreichen. Anschließend auf eine Servierplatte legen und mit zusätzlicher Sirupmischung bepinseln. Aprikosen auf Zimmertemperatur abkühlen lassen, dann mit dem Vanilleeis servieren.

Brownie-Eisbecher mit gegrillten Bananen

8 Portionen – 15 Minuten Zubereitungszeit

1 Ungeschälte Bananen halbieren, dann nochmal der Länge nach halbieren. Die geviertelten Bananen auf einen geölten Grillrost legen (mit der Schalenseite nach unten). Bei mittlerer bis hoher Hitze zugedeckt auf jeder Seite 2 bis 3 Minuten grillen, bis sie leicht gebräunt sind. Danach kurz abkühlen lassen.

2 Den Frischkäse, braunen Zucker und die Erdnussbutter in einer kleinen Schüssel cremig rühren.

3 Zum Servieren, die Bananenschale entfernen und die Bananenstreifen über die Brownies legen. Schlussendlich auf einem Teller anrichten und mit der Frischkäse-Mischung, der Eiscreme und den Erdnüssen belegen.

Für 8 Portionen:

2 Bananen – ungeschält

11g Frischkäse – weich

50g brauner Zucker

3 EL Erdnussbutter

8 Brownies

600g Vanilleeis

65g gesalzene Erdnüsse – gehackt

Gegrillte Nektarine & Käse-Crostini

12 Portionen – 25 Minuten Zubereitungszeit

Für 12 Portionen:

120ml Balsamico-Essig

1 EL Olivenöl

12 Baguettescheiben – etwa 1cm dick

2 Nektarinen – halbiert

55g Ziegenkäse – weich

5g Basilikumblätter – fein geschnitten

1 Den Balsamico-Essig in einem kleinen Topf zum Köcheln bringen und 10 bis 15 Minuten kochen lassen oder, bis die Flüssigkeit auf 3 Esslöffel reduziert ist. Anschließend vom Herd nehmen.

2 Die Baguettescheiben beidseitig mit Öl bestreichen. Unbedeckt bei mittlerer Hitze grillen, bis beide Seiten goldbraun sind. Nektarinen für 45 bis 60 Sekunden auf jeder Seite grillen oder, bis sie zart und leicht gebräunt sind. Danach kurz abkühlen lassen.

3 Streichen Sie den Ziegenkäse auf die Baguettescheiben. Die Nektarinen in dicke Scheiben schneiden und über den Ziegenkäse auf die Brote legen. Mit „Balsamico-Sirup“ aus Schritt 1 beträufeln und mit Basilikum bestreuen. Sofort servieren.

Gegrillte Pfirsiche

8 Portionen – 15 Minuten Zubereitungszeit

1 Den Grill auf hohe Hitze anheizen.

2 Zucker, Salz, Muskatnuss und Zimt vermischen.

3 Die Pfirsiche mit der Schnittseite nach unten auf den Grill legen und die Temperatur des Grills stark reduzieren.

4 Die Pfirsiche für etwa 2 bis 3 Minuten grillen lassen, danach wenden. Einen Esslöffel des Zuckermixes aus Schritt 2 über jedem Pfirsich verteilen und für 8 bis 12 weitere Minuten grillen, bis die Pfirsiche zart sind und der Zucker karamellisiert ist.

Für 8 Portionen:

8 Pfirsiche – halbiert

1 EL brauner Zucker – pro Pfirsich

1 Prise Muskatnuss – pro Pfirsich

1 Prise Salz – pro Pfirsich

1 Prise Zimt – pro Pfirsich

Gegrillte Fruchtspieße mit Zimt-Honig-Glasur

6 Portionen – 20 Minuten Zubereitungszeit

Für 6 Portionen:

85g Honig

1 TL Zitronensaft

¼ TL Zimt

115g Ananas

115g Pfirsich

150g Wassermelone

6 Spieße

1 Mischen Sie Honig, Zitronensaft und Zimt in einer kleinen Schüssel. Falls der Honig zu fest oder zu dickflüssig ist, einfach für 5 bis 10 Sekunden in der Mikrowelle erwärmen.

2 Den Grill auf mittlere Hitze vorheizen.

3 Die Früchte in Stücke mit ca. 3cm bis 5cm Seitenlänge schneiden und dann auf die Spieße stecken.

4 Legen Sie die Spieße auf den Grill und garen Sie sie auf jeder Seite etwa 2 bis 4 Minuten oder, bis sich Grillspuren gebildet haben. Achten Sie darauf, dass die Früchte nicht anbrennen. Zu guter Letzt, die Glasur aus Schritt 1 auf den Spießen verteilen.

Cocktails & Drinks

Bahia Cocktail

1 Portion (1 Glas)

Für 1 Glas:

6cl weißer Rum

8cl Ananas- oder Mangosaft

2cl Cream of Coconut

Eiswürfel

1 Ananas- oder Orangenstück zur Dekoration

1 Alle Zutaten mit Eis in einen Shaker (oder ähnliches Gefäß, wie z.B. Einmachglas) geben und gut schütteln. Dann in ein schönes Glas füllen und mit den gewählten Fruchtstücken verzieren.

Kubanischer Tee

4 Portionen (4 Gläser)

Für 4 Gläser:

4 Scheiben Ananas

4 TL brauner Zucker + mehr nach Geschmack

4cl Rum

3 TL schwarzer Tee

500ml Wasser

Saft einer Zitrone

Eiswürfel

1 Die Ananas in Würfel schneiden, mit Zucker bestreuen und luftdicht verschlossen einen Tag (24 Stunden) im Rum einlegen.

2 Den schwarzen Tee mit 500ml Wasser aufkochen und ziehen lassen. Dann abkühlen lassen und den Zitronensaft hinzufügen.

3 Eiswürfel und Ananasstücken auf die Gläser verteilen und mit dem gut gekühlten Tee übergießen.

Fruchtig-Luftig-Kühl

1 Portion (1 Glas)

Für 1 Glas:

4cl Wodka

1cl Pfirsichlikör

2cl Grapefruitsaft

3 Eiswürfel

Eisgekühltes Bitter Lemon

1 Wodka, Pfirsichlikör und Grapefruitsaft in einem Shaker (oder ähnliches Gefäß, wie z.B. Einmachglas) kräftig schütteln. Die Mischung zusammen mit Eiswürfeln in das Glas gießen.

2 Dann mit eisgekühltem Bitter Lemon auffüllen und mit Früchten nach Belieben verzieren.

Erdbeer-Margaritas

1 Portion (1 Glas)

Für 1 Glas:

10cl Erdbeerlikör

4cl Tequila

1cl Zitronensaft

Eiswürfel

Frische Erdbeeren – zur Dekoration

Zucker und Zitronensaft für einen Zuckerrand am Glas

1 Erdbeerlikör, Tequila, Zitronensaft und Eiswürfel in einem geeigneten Gefäß kräftig schütteln.

2 Die Cocktailschale (oder anderes Glas zum Servieren) mit dem Rand in Zitronensaft tunken und anschließend behutsam in einer Schale mit Zucker drehen, sodass der Zucker am Rand mit dem Zitronensaft haften bleibt.

3 Anschließend die Mischung aus Schritt 1 durch ein Barsieb in das Glas gießen. Mit frischen Erdbeeren garnieren und genießen.

Sommernachtsbowle

1 Portion (1 Bowlegefäß)

Für 1 Bowlegefäß:

500g frische Sauerkirschen – gewaschen und entkernt

2 reife Birnen

1 Orange

4cl Kirschlikör

Saft einer Orange

1 EL Zucker

½ Zimtstange

2 Flaschen Roséwein – gekühlt

1 Flasche Sekt – eisgekühlt

1 Die Birnen schälen, das Kerngehäuse entfernen und in Wedges (Spalten, Keile) schneiden. Orange inklusive der weißen Haut schälen und in dünne Scheiben schneiden.

2 Alle Früchte in das Bowlegefäß geben und mit Kirschlikör, Orangensaft, Zucker und der Zimtstange vermischen. Den Roséwein dazugeben und abgedeckt 3 bis 4 Stunden im Kühlschrank ziehen lassen.

3 Kurz vor dem Servieren die Zimtstange herausnehmen und die Bowle mit Sekt auffüllen.

Melonen-Aprikosen-Bowle

1 Portion (1 Bowlegefäß)

Für 1 Bowlegefäß:

250g Aprikosen

1 Wassermelone

2cl Grenadine

Saft einer Zitrone

Saft von zwei Orangen

2 Flaschen Weißwein – lieblich

1 Flasche Sekt – eisgekühlt

1 Die Aprikosen einritzen und in kochendem Wasser aufkochen. Anschließend schälen, entkernen und in Wedges (Spalten, Keile) schneiden.

2 Die Wassermelone in 4 Teile teilen und entkernen. Mit einem Kugelausstecher (alternativ geht auch ein kleiner Löffel, sieht aber nicht so schön aus) kleine Kugel aus dem Fruchtfleisch schneiden.

3 Vorbereitetes Obst in das Bowlegefäß geben. Grenadine, Zitronen- und Orangensaft unterrühren. Mit so viel Weißwein auffüllen, dass gerade alles bedeckt ist. Dann 3 bis 4 Stunden im Kühlschrank ziehen lassen.

4 Direkt vor dem Servieren mit dem restlichen Wein und Sekt auffüllen.

Erfrischende Zitrus-Bowle

1 Portion (1 Bowlegefäß)

Für 1 Bowlegefäß:

4 Orangen

4 Grapefruits

4 EL Zucker

10cl Amaretto

1 Liter Weißwein – trocken, gekühlt

Saft einer halben Zitrone

1 Flasche Sekt – trocken, eisgekühlt

1 Das Obst samt der weißen Haut schälen. Fruchtfilets herausschneiden und Saft auffangen. Fruchtfilets und Saft in das Bowlegefäß geben.

2 Amaretto in das Bowlegefäß füllen und die Mischung mit dem Zucker bestreuen. Dann alles eine Stunde zugedeckt ruhen lassen.

3 Den gut gekühlten Weißwein zuführen, mit Zitronensaft abschmecken und mit eisgekühltem Sekt auffüllen.

Sommerbowle mit Erdbeeren und Rhabarber

1 Portion (1 Bowlegefäß)

Für 1 Bowlegefäß:

500g Erdbeeren

2 Stangen Rhabarber

200g Zucker

3 Flaschen Weißwein

1 Flasche Sekt – eisgekühlt

1 Den Rhabarber waschen und in dünne Scheiben schneiden. Die Erdbeeren waschen, die grünen Blätter und Stängel entfernen und große Exemplare halbieren.

2 Erdbeeren und Rhabarber in das Bowlegefäß geben, mit dem Zucker bestreuen und mit einer Flasche Weißwein übergießen. Eine Stunde im Kühlschrank ruhen lassen.

3 Abschließend den restlichen Wein und Sekt dazu gießen und servieren.

Karibischer Punch

1 Portion (1 Glas)

Für 1 Glas:

4cl Jamaica Rum

2cl weißer Rum

2cl Zitronensaft

4cl Ananassaft

6cl Orangensaft

1cl Grenadine

Eiswürfel

1 Cocktailspieß und Früchte zum Servieren

1 Rum, Säfte und Grenadine über die Eiswürfel in ein Glas gießen und gut verrühren.

2 Mit einem Fruchtspieß nach Geschmack servieren.

Fruchtiger Traum

1 Portion (1 Glas)

Für 1 Glas:

2cl Gin

2cl weißer Rum

2cl Ananassaft

1 Physalis

1 Ananasstück

3 Eiswürfel

1 Alle flüssigen Zutaten in einen Shaker (oder ähnliches Gefäß, wie z.B. Einmachglas) gießen und zusammen mit den Eiswürfeln ausgiebig schütteln.

2 In ein kleines Glas kippen und mit dem Obst garnieren.

Hinweis

Dieses Buch enthält Meinungen und Ideen des Autors und hat die Absicht, Menschen hilfreiches und informatives Wissen zu vermitteln. Die enthaltenen Rezepte und Methoden passen möglicherweise nicht zu jedem Leser, und es gibt keine Garantie dafür, dass sie auch wirklich bei jedem funktionieren. Die Benutzung dieses Buchs und die Umsetzung der darin enthaltenden Informationen erfolgt ausdrücklich auf eigenes Risiko. Haftungsansprüche gegen den Autor für Schäden materieller oder ideeller Art, die durch die Nutzung oder Nichtnutzung der Informationen bzw. durch die Nutzung fehlerhafter und/oder unvollständiger Informationen verursacht wurden, sind ausdrücklich ausgeschlossen. Das Werk, inklusive aller Inhalte, gewährt keine Garantie oder Gewähr für Aktualität, Korrektheit, Vollständigkeit und Qualität der bereitgestellten Informationen. Druckfehler und Fehlinformationen können nicht vollständig ausgeschlossen werden.

Deutsche Erstausgabe 2020

Michael Friesmann wird vertreten durch:

Jona-Meo Fiedler
Wiener Straße 69
10999 Berlin

Printed in Great Britain
by Amazon

45195534R00072